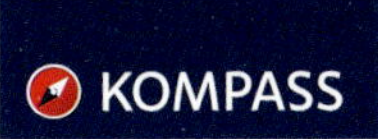

Inspiration

MADEIRA

Natur- und Wanderhighlights

34

Touren & Tipps

DER INHALT

OUTDOOR-TOUREN & TIPPS

34

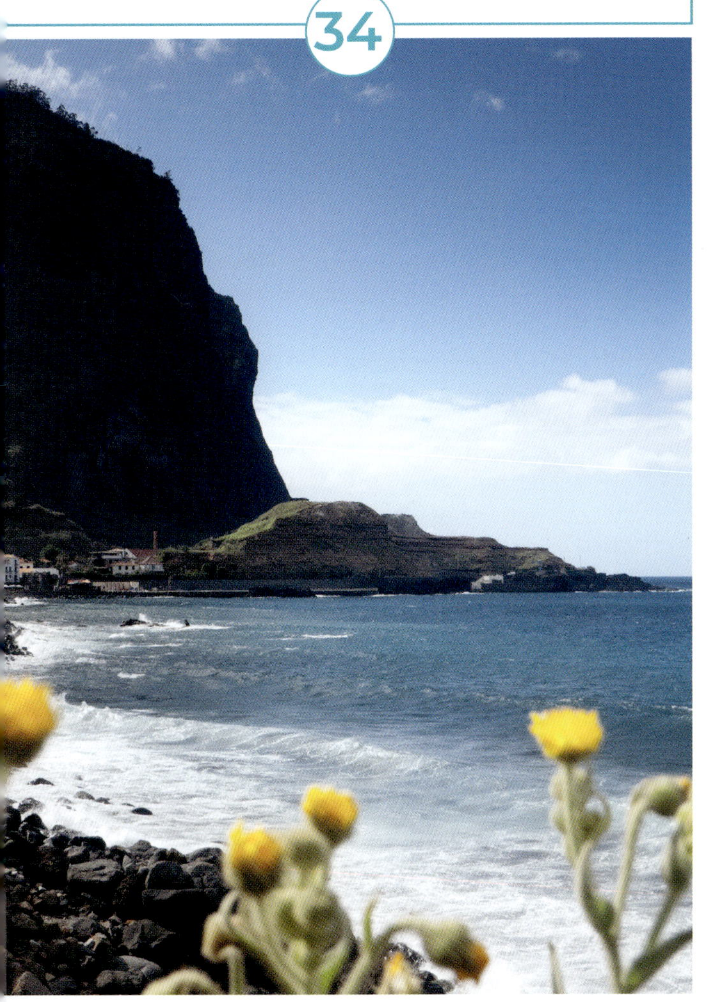

INSPIRATION

Highlights

Kleine Dörfer, magische Wasserfälle, versteckte Badeplätze, steile Gipfel, verborgene Buchten und bezaubernde Aussichten. Einfach aufbrechen und neue Orte erkunden – was gibt es Schöneres? Damit du deine Zeit nicht mit Suchen verbringst und gleich die schönsten Ziele ansteuerst gibt es die Reihe ***Inspirations.***

Eine Sammlung an Outdoor-Zielen, die sich zudem noch mit einer Wandertour verbinden lassen. Wir präsentieren dir ausgewählte Highlights aus der Region, Sehenswürdigkeiten, Geheimtipps und traumhafte Naturperlen – ***Inspiration im Hosentaschenformat*** für deinen Aufenthalt.

Mit unseren ***Inspirationen*** sind herrliche Outdoor-Erlebnisse garantiert. Die Auswahl stammt aus unseren renommierten KOMPASS-Wanderführern, in welchen die vollständigen Wandertouren-Beschreibungen zu finden sind.

Der KOMPASS-Verlag ist bekannt für seine Wanderkarten. Damit du dich noch besser auf deine Entdeckertouren vorbereiten kannst und vor Ort immer weißt wo du bist, gibt es die Touren & die passenden GPX-Tracks gratis in der KOMPASS-App.

WISSEN, WO ES LANG GEHT!
KOMPASS-APP & GPX-TRACKS

Alle Touren in der KOMPASS-App!
Wir erklären dir, wie es geht: Einfach QR-Code scannen, oder Seite über den Link aufrufen, der Anleitung folgen und los geht's!
https://link.kompass.de/79w5q

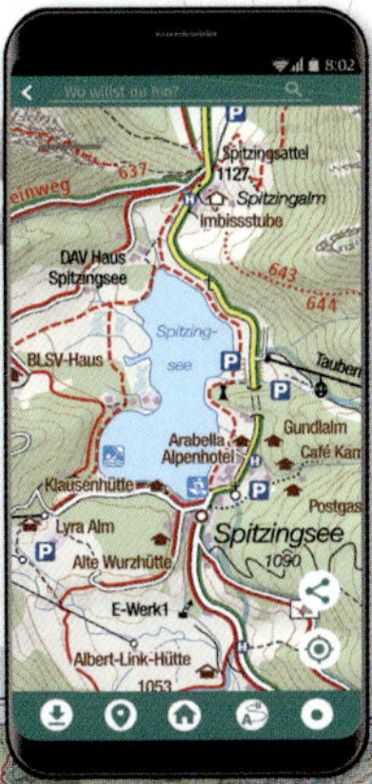

GPX-Track zum Download:
Für das Navigationsgerät deiner Wahl haben wir alle Touren auch als GPX-Track auf unserer Homepage.
https://link.kompass.de/1ypmg

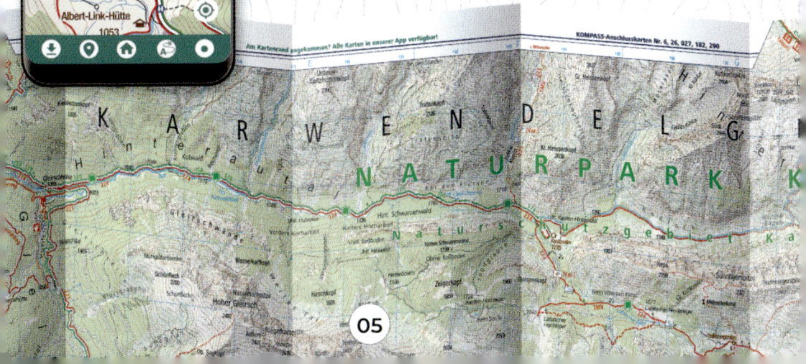

ÜBERSICHTSKARTE

34
INSPIRATIONEN

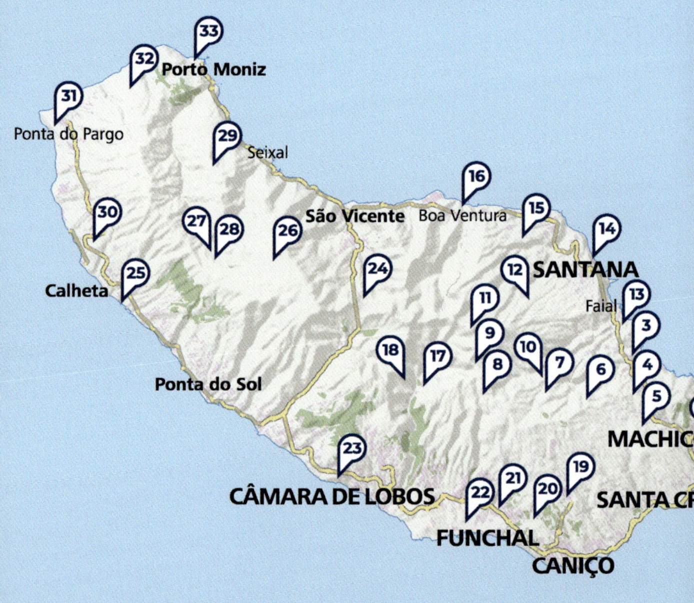

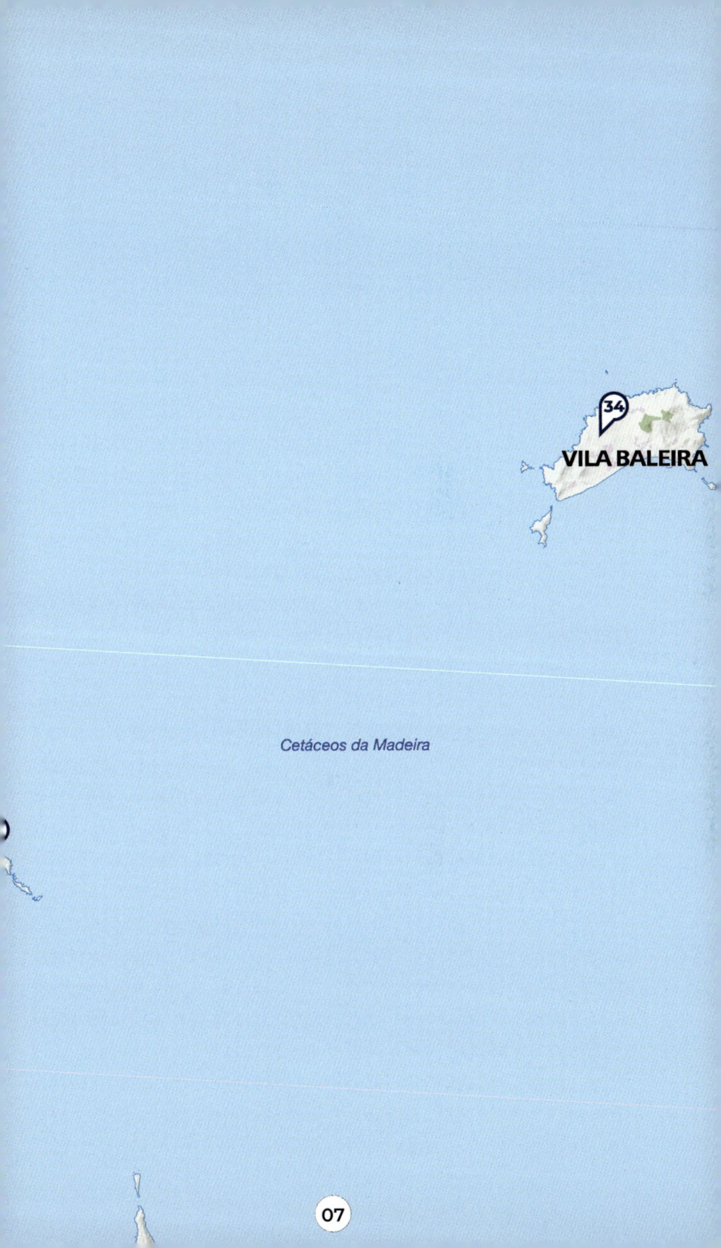

34

VILA BALEIRA

Cetáceos da Madeira

MADEIRA
und alles rundherum

Seit ihrer ersten dauerhaften Besiedlung im 15. Jh. ist die Insel recht unterschiedlich charakterisiert worden. So notierte einer der beiden Kolonisatoren, João Gonçalves Zarco, beim Anblick Madeiras von der Nachbarinsel Porto Santo: „Wir sahen vor uns im Meer ein dunkles, Furcht erregendes Objekt aufragen, die Heimstatt von Dämonen und bösen Geistern." Und tatsächlich: Bis heute wirkt die raue, extrem steile und zerklüftete Nordküste abschreckend und doch zugleich anziehend. Nach der Landung in der Bucht von Funchal änderte der Entdecker seine Meinung gravierend, er sah nun die Insel als einen Ort „sorgloser Schönheit ..., das Land der Feen" – ein Klischee, das den bekannten Prädikaten Madeiras schon weit mehr entspricht. Auf Wanderungen durch die Insel lernt jeder, der mit offenen Augen unterwegs ist, ihre unterschiedlichen Gesichter kennen.

Die höchsten Berggipfel, die sich wie ein steinernes Rückgrat durch Madeira ziehen, wirken auf den ersten Blick schroff und abweisend. Doch an ihren Hängen ziehen die Levadas, ein ausgeklügeltes Kanalsystem, vom regenreichen Norden in den klimatisch begünstigten Süden. Hier lässt das kühle Nass einen subtropischen Garten Eden entstehen, der an Arten-, Formen- und Farbenfülle seinesgleichen sucht. Gleichzeitig bieten die Levadas – ähnlich den Waalen in Südtirol – ein einmaliges Wandererlebnis: Ohne größere Höhenunterschiede leiten sie durch die faszinierende Welt der Berghänge – durch nebelverhangene Lorbeerwälder, über steile Klippen und durch liebliches Kulturland. Die Liste der Kontraste ließe sich beliebig fortsetzen – Einsamkeit am grandiosen Pico Grande, quirlig städtisches Leben auf den Straßen und Promenaden von Funchal, die grüne Hölle im Caldeirão Verde, wüstenhafte Dürre auf der sommerlichen Ponta de São Lourenço...

Entstehung und Naturraum

Die Anfänge der Insel liegen mehr als 20 Millionen Jahre zurück. Damals führten heftige Lavaausbrüche am Grund des Atlantiks zum allmählichen Aufbau eines riesigen Vulkans, aus dessen Spitze die Insel Madeira hervorgegangen ist.

Diese sehr vereinfachte Darstellung der Entstehung ist seit etwa 1,5 Millionen Jahren abgeschlossen und hat zu einer Insel geführt, die sich insgesamt 5000 m über den Meeresgrund erhebt. 1862 m davon liegen über der Meeresoberfläche und haben eine Größe von 728 km2, wobei die Länge 58 und die Breite 23 km beträgt.

Die letzte Phase des Vulkanismus fand an der Südküste zwischen Funchal und Camara de Lobos statt. Die Erosion durch Regen, abfließendes Wasser und Wind hat im Laufe von mehr als einer Million Jahren zur heutigen Landschaft geführt und die vulkanischen Gebilde und Gipfel weitgehend abgetragen. Übrig geblieben sind die steilen Grate mit den tief eingeschnittenen Tälern.

MADEIRA

und alles rundherum

Man unterscheidet im Wesentlichen drei Regionen. Das Zentralmassiv mit den höchsten Bergen wie Pico Ruivo, Pico Arieiro und Pico Grande, die westliche Region mit der Hochebene Paúl da Serra sowie der östliche Bereich, der mit der Landspitze Ponta da São Lourenço endet. Eine Besonderheit, die auf die unterschiedlichen vulkanischen Materialien zurückgeht, ist, dass die großen Flusstäler wie Ribeira Brava, Ribeira da Janela oder Ribeira dos Soccoridos im Quellbereich breiter sind als an der Mündung. Grund dafür ist der harte Basalt, der vor allem an der Nordseite in Meeresnähe ansteht und zu den fast senkrechten Steilküsten führt.

Madeira liegt knapp 1000 km von Lissabon und fast 800 km von der Küste Marokkos entfernt. Zum Archipel Madeira, der insgesamt zusammen mit den Azoren, Kanaren und den Kapverden zu den Makronesischen Inseln gehört, zählen noch die kleine Insel Porto Santo im Norden sowie die unbewohnten Ilhas Desertas und Selvagens im Süden. Der „ewige" Frühling wird vor allem durch den Golfstrom hervorgerufen, der das Klima der Insel stark beeinflusst und zu milden Temperaturen das ganze Jahr über führt. Vom Nordosten weht stets der Passatwind, der die feuchte Luft an den Bergen zu Wolken kondensieren und es an den Nordhängen

häufig regnen lässt.
Deshalb finden wir hier in Höhen zwischen 700 und 1300 m noch den einzigartigen Lorbeerwald, der für Naturfreunde eine der Besonderheiten der Insel darstellt. Diesem Waldtyp, der früher großflächig auf der Insel vorhanden war und weitgehend gerodet wurde, gilt heute auch ein großes Schutzinteresse. Denn der „Laurisilva" hat für das Ökosystem der Insel und vor allem für den Wasserhaushalt eine sehr große Bedeutung.

Diese sehr artenreiche Waldgesellschaft, die aus mehreren Bäumen der Familie der Lorbeergewächse besteht, speichert überaus viel Wasser, das aus dem Passatnebel und dem damit verbundenen Regen stammt. In den Berggebieten und an den Südhängen wächst hingegen eine gebüschartige Vegetation aus Baumerika, die bis auf die höchsten Grate hinauf zu finden ist.

Tierwelt

Die Tierwelt ist von einer auffälligen Artenarmut gekennzeichnet. Viele der vorkommenden Säugetierarten wurden mit Ausnahme der Fledermäuse vom Menschen eingeführt. Eine naturkundliche Rarität stellt das Vorkommen des vom Aussterben bedrohten Madeirasturmvogels dar, der in den einsamen Bergregionen zwischen Ruivo und Arieiro nistet. Am häufigsten sieht man entlang der Wanderrouten die Madeira-Mauereidechse, die als einzige Reptilienart auf der Insel vertreten ist. Denn es gibt keine Schlangen.

An vielen Orten werden Walbeobachtungsfahrten angeboten, da in den Gewässern rund um die Insel immer wieder Pottwale, Tümmlern, Delphine durchziehen. Auf den unbesiedelten Ihlas Desertas lebt eine Kolonie der Mittelmeer-Mönchsrobbe.

Madeiras 7

- Lorbeerwald (Laurazeen-Laurisila-Wald)
- Ilhas Desertas
- Naturpark Madeira Naturreservat da Rocha do Navio
- Naturreservat Ilhas Selvagens
- Naturreservat Garajau
- Naturreservat Ponta do São Lourenço

Besiedlungs-geschichte

Madeiras Landschaft steht aber in engem Zusammenhang mit der Besiedlungsgeschichte, die bereits im 13. Jh. begann. Offiziell wurde es 1420 entdeckt und besiedelt. Im 15. Jh. erlangte es große Bedeutung, weil es für Portugal einen wichtigen Stützpunkt am Seeweg nach Indien darstellte. Die Siedler rangen den steilen Hängen Ackerland in Form von Feldterrassen ab, die eigentümliche und charakteristische Landschaftsformen ergaben und „poios" genannt wurden. Mit Hilfe von Steinmauern verhinderte man, dass der Boden innerhalb der Terrassen weggespült wurde. Die „poios" reichen bis in eine Höhe von 700 m und wurden über die zahlreichen Levadas bewässert. Oft sind ganze Hänge von oben bis unten mosaikartig terrassiert und in kleine Felder und Etagen zerstückelt. Die Feldfrüchte, die in charakteristischen Mischkulturen angebaut wurden, führten jahrhundertelang zu einem regen Handel. Madeira exportierte vor allem Weizen,

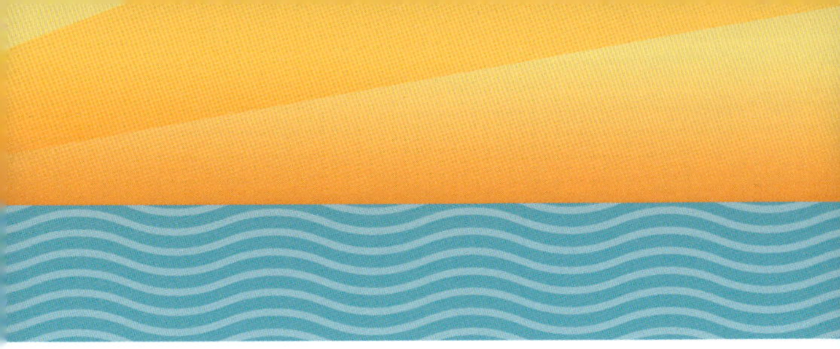

Zucker und ab dem 16. Jh. Wein, der die Insel weltweit bekannt machte. Trotzdem war man immer sehr stark an die Einfuhr von Lebensmitteln gebunden, was zu Hungersnöten, einer ganz eigenen Kultur des Landlebens, aber auch zu Auswanderungswellen führte. Vor allem im 19. Jh. erleidet Madeira etliche landwirtschaftliche, religiöse und soziale Krisen, die eine Massenauswanderung nach Britisch-Guayana, Surinam, Brasilien, Hawaii, Südafrika, Venezuela, auf die Antillen und in die USA auslöste. Trotz hunderttausender Auswanderer liegt die Bevölkerungszahl heute immer noch bei etwa 280.000 Einwohnern, für die der Tourismus ein wichtiger Erwerbszweig wurde.

Der Tourismus

Dieser setzte schon im 19. Jh. mit ersten Erwähnungen in Reiseführern ein, die vor allem das milde Klima und die exotischen Landschaften gepriesen haben. Die Touristen wurden in privaten Quintas (Landhäusern) untergebracht, 1840 gab es die ersten Hotels.

Heute werden zahlreiche Unterkunftsmöglichkeiten in allen Kategorien bis zum 5-Sterne-Luxushotel, aber auch urige Landhäuser und geräumige Apartments angeboten. Infrastrukturen für Wanderer wie Schutzhütten oder andere Übernachtungsmöglichkeiten in den Bergen sind jedoch bislang nicht entstanden.

OLÁ AUF
MADEIRA

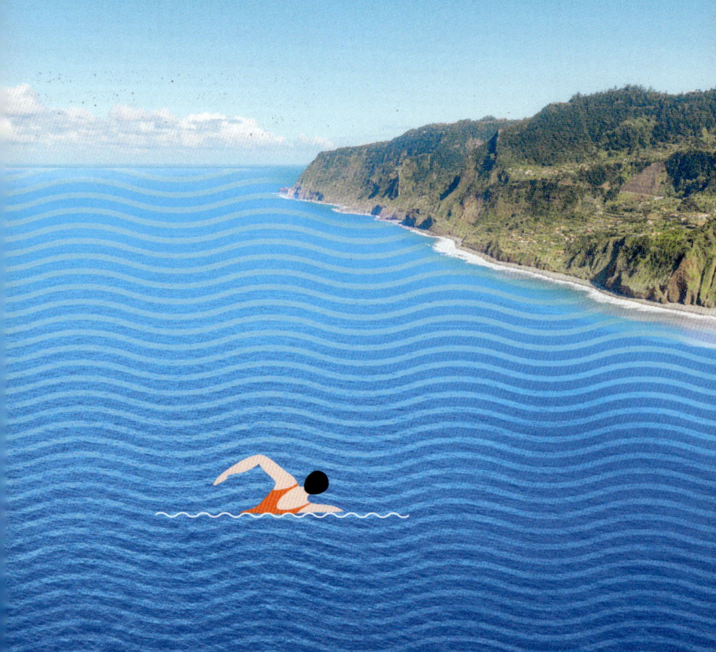

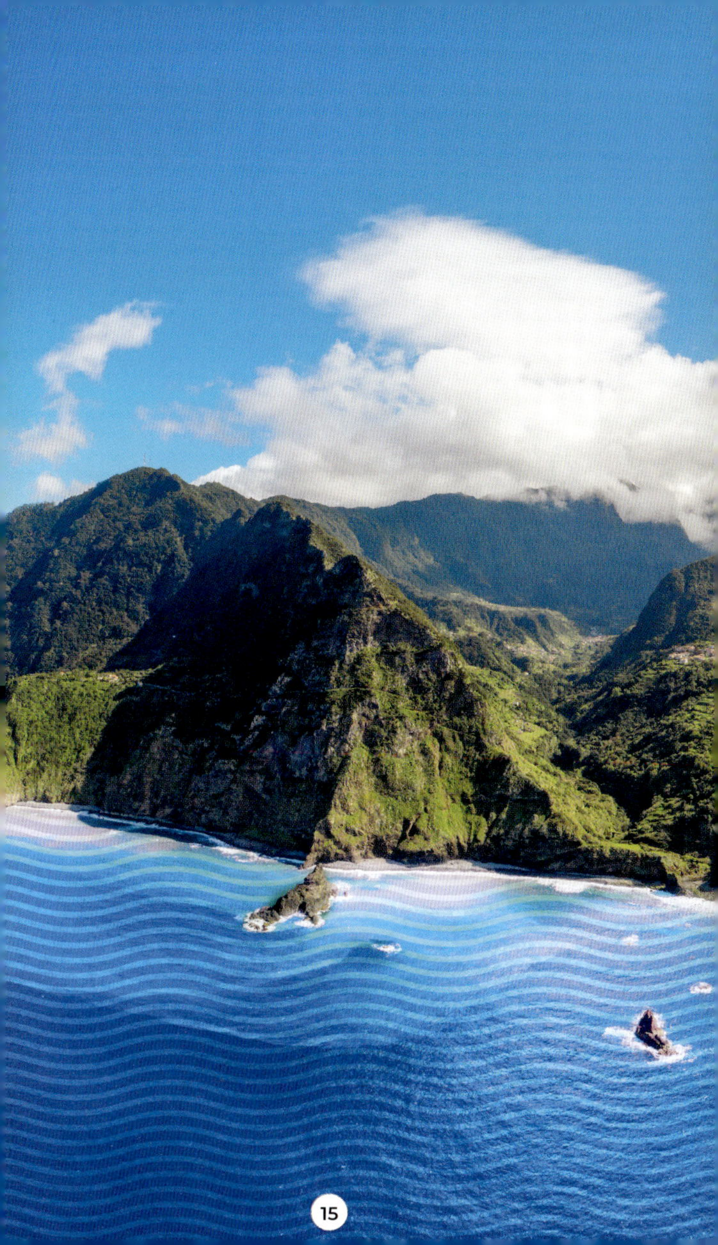

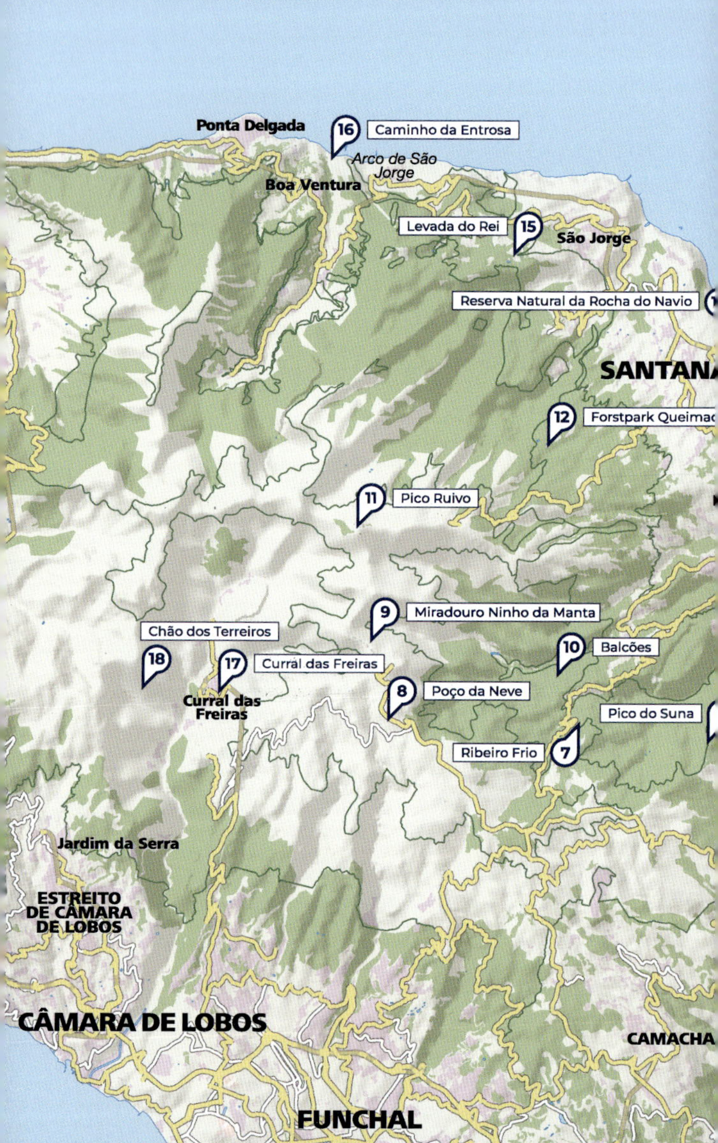
Ponta Delgada
16
Caminho da Entrosa
Arco de São Jorge
Boa Ventura
Levada do Rei
15
São Jorge
Reserva Natural da Rocha do Navio
SANTANA
12
Forstpark Queimad
11
Pico Ruivo
9
Miradouro Ninho da Manta
Chão dos Terreiros
18
17
Curral das Freiras
10
Balcões
8
Poço da Neve
Curral das Freiras
Pico do Suna
Ribeiro Frio
7
Jardim da Serra
ESTREITO DE CÂMARA DE LOBOS
CÂMARA DE LOBOS
CAMACHA
FUNCHAL
CANIÇ

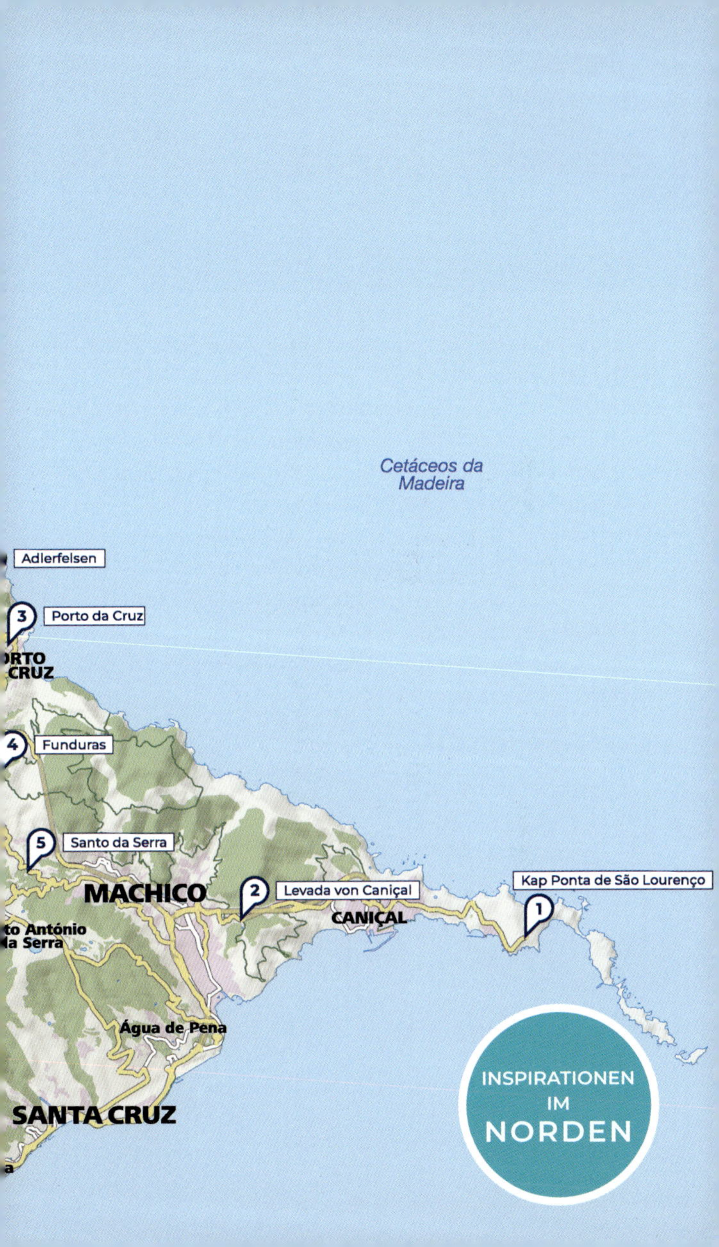

Cetáceos da Madeira

Adlerfelsen

3 Porto da Cruz

4 Funduras

5 Santo da Serra

MACHICO

2 Levada von Caniçal

CANIÇAL

Kap Ponta de São Lourenço 1

Água de Pena

SANTA CRUZ

INSPIRATIONEN IM NORDEN

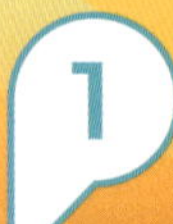

KAP PONTA DE SÃO LOURENÇO

An der Ostspitze von Madeira

Das Kap Ponta de São Lourenço schiebt sich als wüstenähnliche Halbinsel weit ins Meer hinaus und wird von bizarren Steilküsten, aus dem Meer ragenden Felstürmen, buntem Vulkangestein und einer kargen, aber hoch interessanten Vegetation geprägt. Im Frühjahr mildern zahlreiche Blüten und saftiges Gras den rauen Charakter. Mehrere Aussichtspunkte entlang der Route ermöglichen atemberaubende Blicke auf die Steilküste. Die gesamte Halbinsel ist heute als Naturschutzgebiet ausgewiesen, um die sensible Flora zu erhalten. Im Frühjahr blühen die bis zu 1 m hoch werdenden Natternköpfe mit den violett-blauen Blütenkerzen, während die Wiesen mit Milchfleckdisteln und dem zartgelb blühenden Madeira-Hornklee bewachsen sind.

Die bizarre Nordküste des Kaps

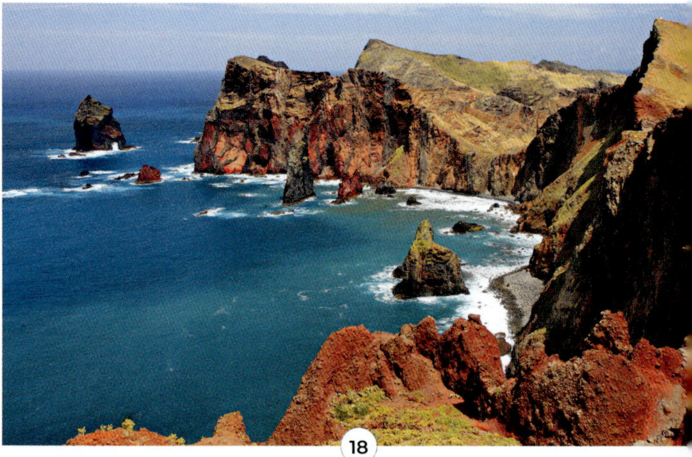

START: Abrabucht, 77 m; Parkplatz am Ende der ER 109; Bus: Linie 113 von Santa Cruz bis Baia de Abra, mehrmals täglich, Fahrzeit ca. 1.30 Std.

CHARAKTER: Leichte Streckenwanderung auf durchwegs trassierten, teils befestigten Fels- und Schotterwegen. Die Anstiege sind mit Treppen ausgebaut, sämtliche abschüssige Passagen mit Seilgeländern gesichert. Der Aufstieg zum Pico do Furado (150 m) verläuft über Holz- und Steintreppen. Die Route ist schattenlos und dem Wind ausgesetzt. Trittsicherheit ist von Vorteil.

01 Abrabucht, 77 m;
02 Graben, 30 m;
03 Engstelle Estreito, 94 m;
04 Casa do Sardinha, 60 m;
05 Pico do Furado, 170 m

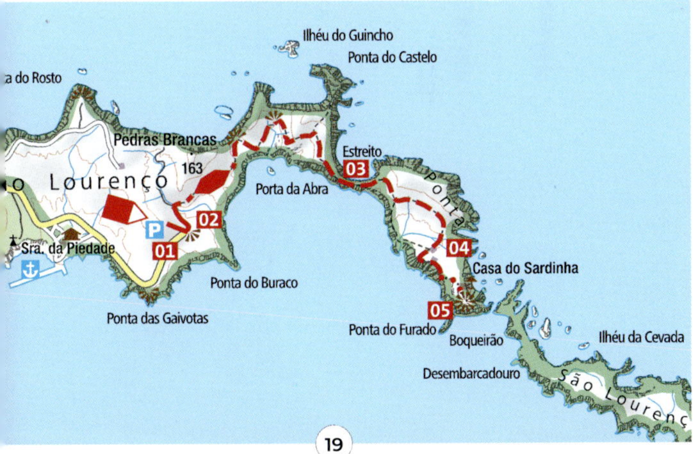

2 LEVADA VON CANIÇAL

Um das Tal von Machico

Das Talbecken rund um Machico weist noch besonders viele der traditionellen Feldterrassen auf, es gehört aber auch zu den am dichtesten besiedelten Regionen von Madeira. Die Levada von Caniçal verläuft mit zahlreichen Kurven an der oberen Grenze zwischen Kulturlandschaft und hangaufwärts anschließendem Wald und kommt immer wieder an blumenreichen Gehöften, mit Feldfrüchten bewachsenen Terrassen und kleinen Taleinschnitten vorbei. In einem dieser Täler wird sogar noch Zuckerrohr angebaut. Entlang der Wanderung erhalten wir interessante Einblicke in das dörfliche Leben der Bevölkerung, etliche der Kulturterrassen werden sogar noch per Hand bewirtschaftet.

Die Levada do Caniçal im Taleinschnitt des Ribeira da Noia

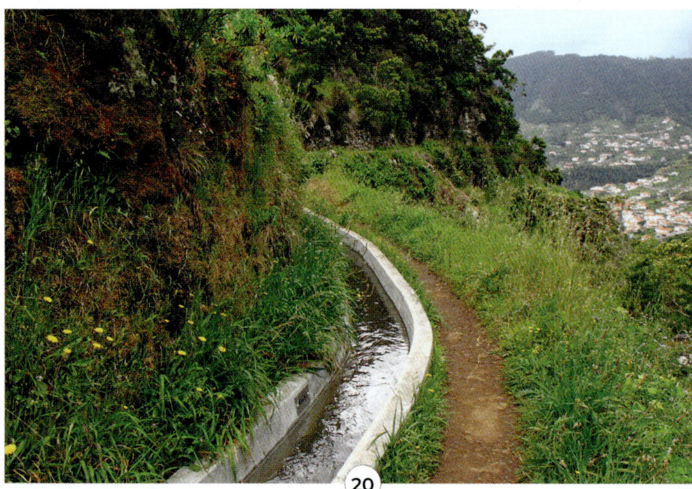

START: Bar A Calçadinha in Maroços, 250 m

CHARAKTER: Klassische und einfache Levada-Wanderung auf gutem Begleitweg, der keine schwierigen und kaum luftige Passagen aufweist, die Route verläuft großteils durch Kulturlandschaft und entlang von Feldterrassen; die knapp 30 m lange Tunnelquerung ist ohne Lampe möglich.

01 Bar A Calçadinha in Maroços, 250 m; **02** Ribeira Grande, 250 m; **03** Ribeira da Noia, 240 m; **04** Abzweigung Boca do Risco, 230 m; **05** Alter Caniçal-Tunnel, 230 m

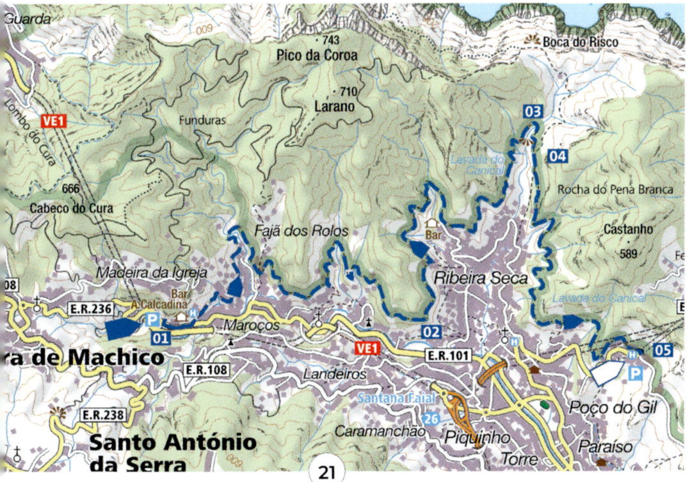

3 PORTO DA CRUZ

Zuckersüßer Ort

Porto da Cruz ist einer der ältesten Orte der Insel. Schon früh profitierte der Ort mit dem „Hafen mit Kreuz“ vom Zuckerrohranbau und dem Export. Heute ist Porto da Cruz ein kleines authentisches Dorf, das vor allem bei Surfern sehr beliebt ist. Zahlreiche Surfstrände, charmante Restaurants und eine herzliche Atmosphäre machen den Ort besonders.

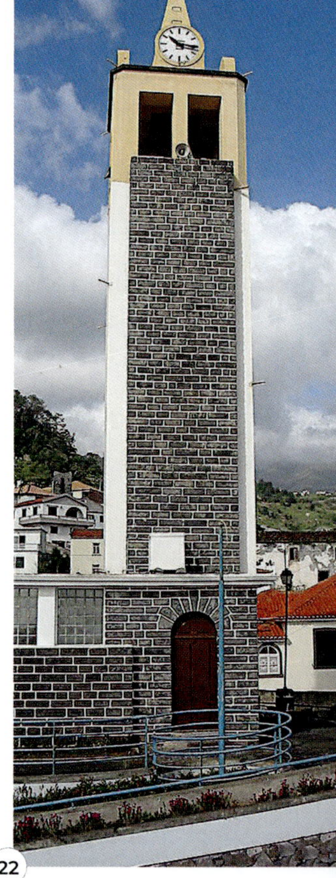

Die Kirche von Porto da Cruz.

START: Portela, 605 m; auf der ER 102 oder ER 212 zum Portelapass oder von Funchal mit der Buslinie 53

CHARAKTER: Mittelschwere Tour auf altem Pflasterweg, Dorf- und Asphaltstraßen; teilweise können die Pfade durch Schotter etwas rutschig sein; kaum Gegenanstiege.

01 Portelapass, 622 m; **02** Cruz da Guarda, 310 m; **03** Caminho Caetano Soares, 200 m; **04** Hügelkamm, 210 m; **05** Porto da Cruz, 25 m

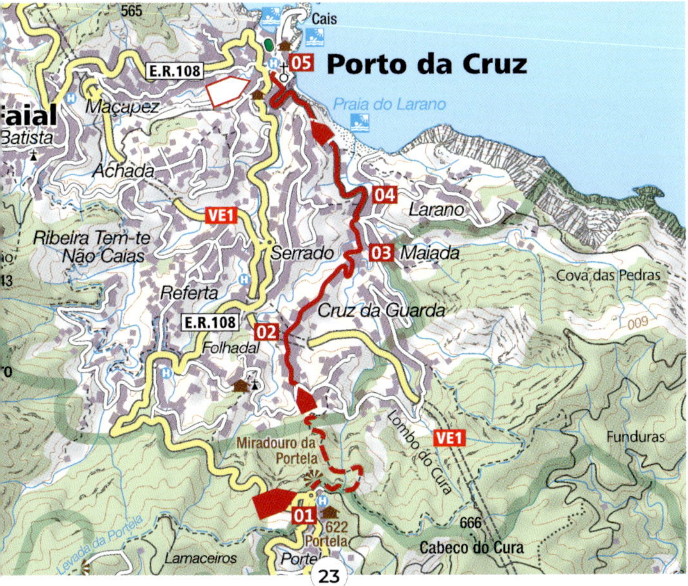

Porto da Cruz
Cais
Praia do Larano
E.R.108
Maçapez
Faial
Batista
Achada
VE1
Larano
Ribeira Tem-te Não Caias
Serrado
Maiada
Cova das Pedras
Referta
Cruz da Guarda
Folhadal
Lombo do Cura
Miradouro da Portela
Funduras
622
Portela
666
Cabeco do Cura
Levada da Portela
Lamaceiros

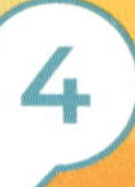

FUNDURAS

Waldiges Weltnaturerbe

Im Hinterland von Machico breitet sich das weite Urwaldgebiet des Naturparks Funduras aus, das zum UNESCO-Weltnaturerbe zählt. Einige Wege durchziehen den ursprünglichen Lorbeerwald und ermöglichen eine Rundwanderung. Ein Zugangsweg beginnt in Ribeira de Machico, wobei etwa 300 Höhenmeter überwunden werden müssen. Bequemer gestaltet sich der Zugang vom Portelapass aus, von dem eine Forststraße zuerst eben, dann abwärts zur Wanderrunde führt. Wer nicht mit dem Mietauto unterwegs ist, kann am Portelapass starten und später in Richtung Ribeira de Machico absteigen.

Durch Lorbeerwälder und bewachsene Taleinschnitte

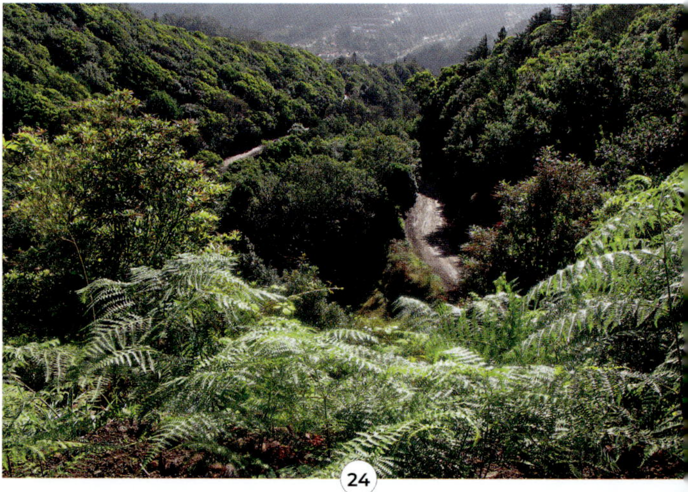

TOUREN TIPP

START: Portelapass, 600 m; über die ER 102 oder 212 zum Portelapass, eine Bushaltestelle befindet sich direkt an der Passhöhe

CHARAKTER: Leichte Wanderrunde auf Forstwegen, die als „Wege für alle" – Caminho para Todos – ausgewiesen sind. Dennoch kann die schottrige Oberfläche ausgewaschen sein und Rinnen aufweisen. Durch abgehende Seitenwege ist die Orientierung etwas erschwert.

01 Portelapass, 622 m; **02** Levada-Tunnel, 600 m; **03** Cabeço de Lapa, 620 m; **04** Casas das Funduras, 570 m; **05** Bachgraben, 350 m; **06** Abzweigung, 460 m

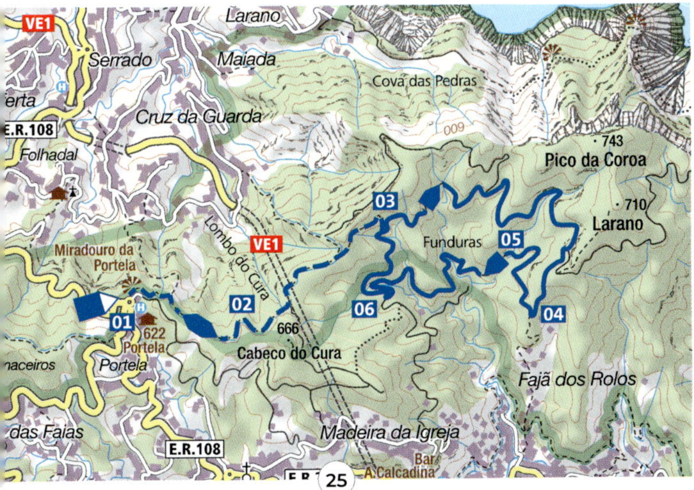

SANTO DA SERRA

Probiere dich durch nationale Köstlichkeiten

Sonntag ist Markttag in Santo da Serra. Dieser wird rund um den Parque de Feiras abgehalten, auf dem Marktstände und Imbissbuden errichtet werden. Zu den Besonderheiten zählen die Hefefladenbrote (Bolo do Caco), die aus Süßkartoffeln hergestellt und über offenem Feuer zubereitet werden, und der „Poncha" – ein alkoholhaltiges madeirisches Getränk aus Aguardente de cana-de-açúcar (Zuckerrohr-Brand), Honig und Orangen- oder Zitronensaft.

Markttag in Santo da Serra

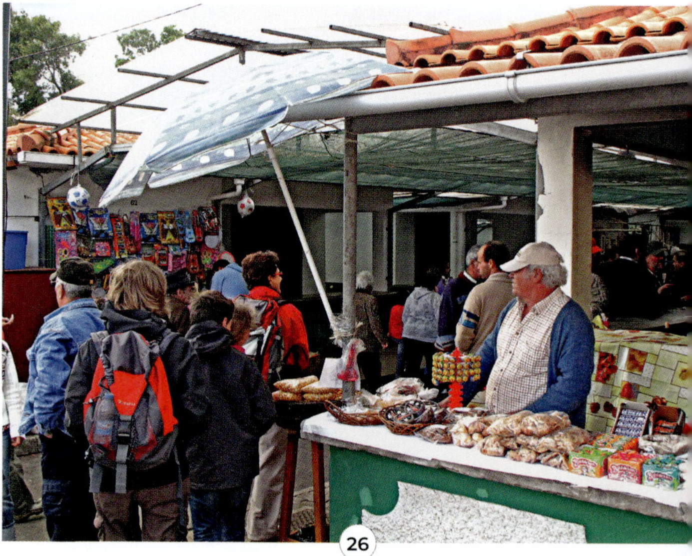

START: Hauptplatz von Santo da Serra, 700 m; Buslinie 77 von Funchal über Camacha nach Santo da Serra, SAM-Linie 20 von Funchal über Flughafen, Machico nach Santo da Serra

CHARAKTER: Etwas anspruchsvolle Wanderung auf Asphaltstraßen, Feldwegen und klassischem Levadaweg entlang der Levada dos Tornos; dieser ist teilweise nicht in Stand gehalten und deshalb ab und zu verwachsen oder von Gebüsch blockiert; Orientierung etwas schwierig, keine Wegbeschilderung, ab und zu rote Punkte und Richtungspfeile von privaten Wanderern.

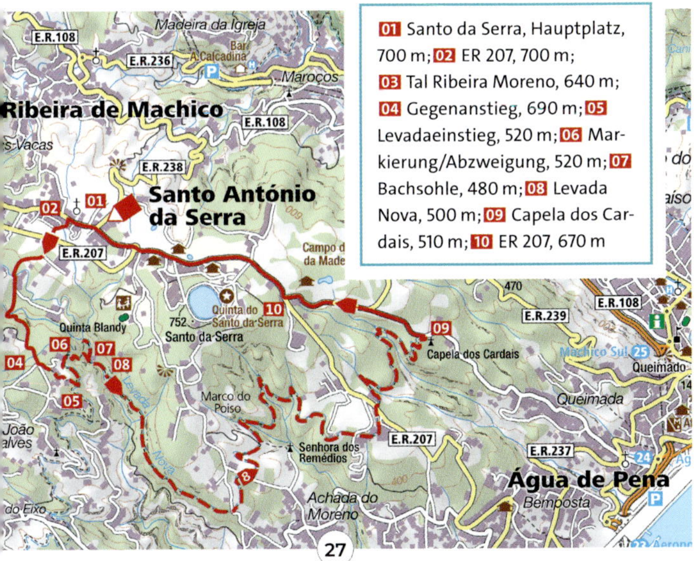

01 Santo da Serra, Hauptplatz, 700 m; **02** ER 207, 700 m; **03** Tal Ribeira Moreno, 640 m; **04** Gegenanstieg, 690 m; **05** Levadaeinstieg, 520 m; **06** Markierung/Abzweigung, 520 m; **07** Bachsohle, 480 m; **08** Levada Nova, 500 m; **09** Capela dos Cardais, 510 m; **10** ER 207, 670 m

PICO DO SUNA

Ein einfacher Eintausender

Der unscheinbare Berg befindet sich im Hinterland von Santo da Serra und kann über eine Forststraße leicht erreicht werden. Der 1028 m hohe Gipfel wird von einem Feuerwachturm eingenommen. Sollte dieser geöffnet sein, fällt der Blick von der Aussichtsterrasse auf die Ostseite der Insel, obwohl er als Ausläufer des zentralen Bergmassivs sehr unscheinbar wirkt. Bei freier Sicht bauen sich die schroffen Gipfel und Grate der Zentralkette wie Pico Arieiro oder Pico do Gato im Hintergrund auf.

Die Landschaft rund um den Pico do Suna mit den offenen Ginsterheiden

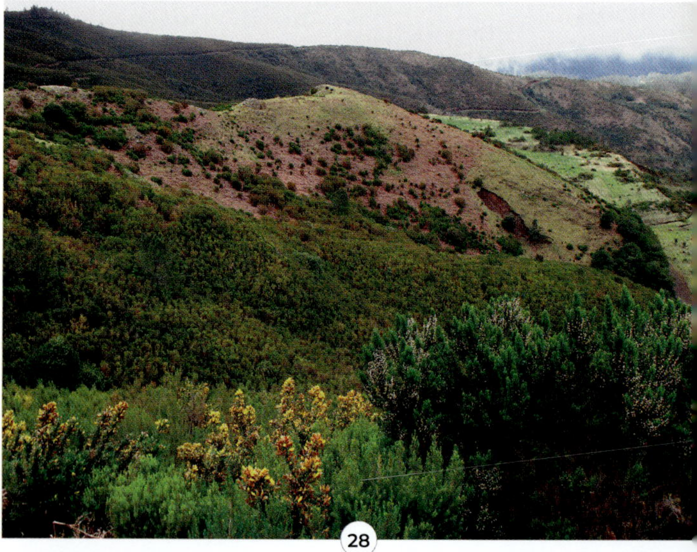

START: Parkplatz, 1120 m; am Beginn der Forststraße an der ER 202 etwas westlich der bewaldeten Kuppe Cabeço Gordo (1150 m), keine öffentliche Verkehrsverbindung

CHARAKTER: Leichte Wanderung auf Forstwegen und Heidepfaden, der „Aufstieg" zum Gipfel verläuft meist abwärts, der Anstieg ist am Rückweg zurückzulegen. Bei Nebel etwas schwierige Orientierung.

01 Parkplatz, 1120 m;
02 Lombo Comprido, 1172 m;
03 Pico do Suna, 1028 m

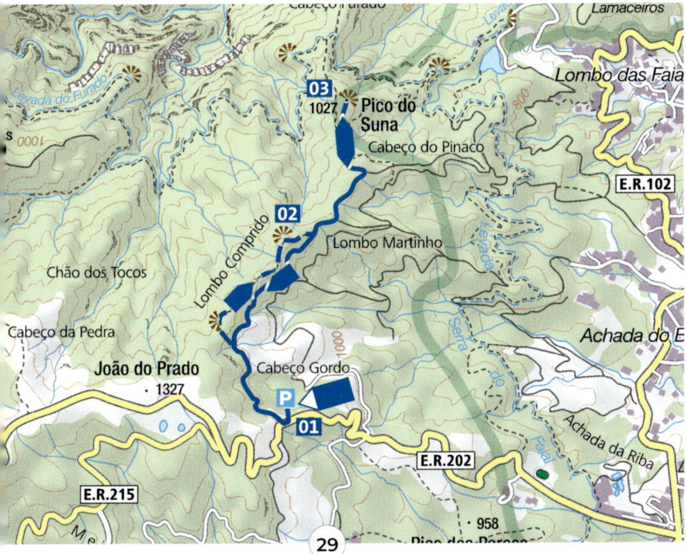

7 RIBEIRO FRIO

Entlang der „Forellen-Levada“

Ribeiro Frio, auf 860 m Seehöhe gelegen, gehört zu den schönsten Ecken Madeiras und besticht durch den herrlichen Lorbeerwald, der sich an den Hängen links und rechts der Talung großflächig ausbreitet. Viel Feuchtigkeit und häufiger Nebel führen dazu, dass sich dieser Waldtyp hier prächtig entwickeln kann. Das reichlich vorhandene Wasser, das in den Taleinschnitten abfließt, wird für die Forellenzuchtstation genutzt, die Ribeiro Frio zum viel besuchten Ausflugsziel für alle Madeira-Urlauber macht. Für den Naturfreund weit beeindruckender und wertvoller ist aber der Lorbeerwald, den wir im kleinen Botanischen Garten kennen lernen können.

Die Forellen-Levada knapp nach Ribeiro Frio

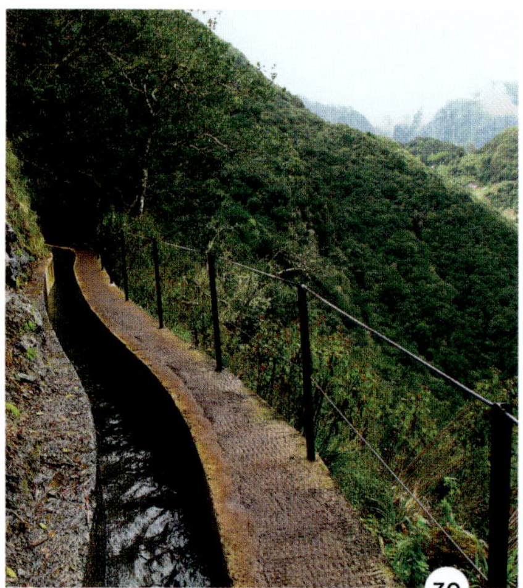

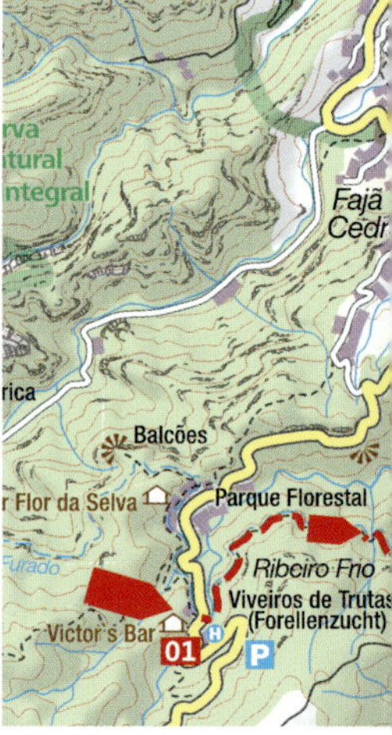

START: Ribeiro Frio an der ER 103 (875 m); Buslinie 103 von Funchal nach Ribeiro Frio, retour mit dem Taxi

CHARAKTER: Reizvolle Streckenwanderung, die gehtechnisch nicht allzu schwierig ist und stets abwärts führt. Zuletzt folgt ein steilerer Abstieg in Richtung Portelapass, wo der Weg teils mit Erdtreppen ausgebaut ist. Ausgesetzte Wegpassagen sind enthalten, aber mit Geländern gesichert, sie können jedoch dennoch zu Schwindelgefühlen führen, vor allem am letzten Abschnitt der Levada ca. 800 m vor dem Wasserhaus; ab und zu müssen Taleinschnitte im Bachbett umgangen werden (etwas Trittsicherheit erforderlich).

01 Ribeiro Frio, 875 m; **02** Wasserhaus von Lamaceiros, 850 m; **03** Forsthaus von Lamaceiros, 800 m; **04** Herdade Lombo das Faias, 629 m; **05** Portelapass, 622 m

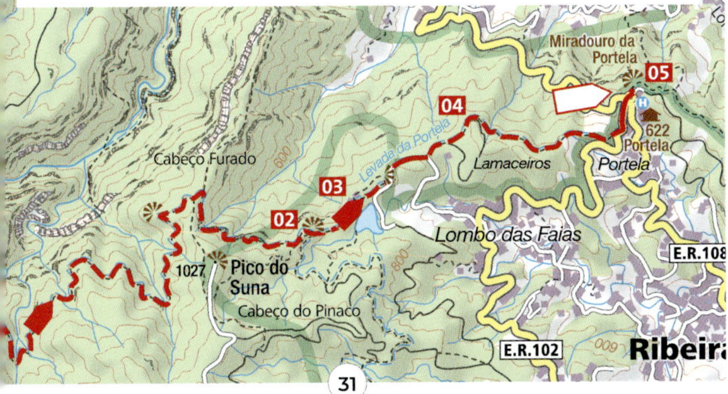

8 POÇO DA NEVE

Begehbare Kühltruhe aus früheren Zeiten

Mit dem Poço da Neve trifft man das letzte auf Madeira erhaltene Eishaus an. Es versorgte die Anwohner seinerzeit mit Eis – diente also als Eisschrank. Hier wurde in den Wintermonaten Schnee gesammelt, der aufgrund der Hochlage, der dicken Basaltsteinwände und der tiefen Aushöhlung in der Eishütte nicht schmolz. Ganze 256 m^3 fasst das igluförmige Haus. Im Sommer wurden Eisblöcke von hier bis nach Funchal transportiert - damals galt Eis als besonderes Luxusgut.

Igluförmiger Kühlschrank

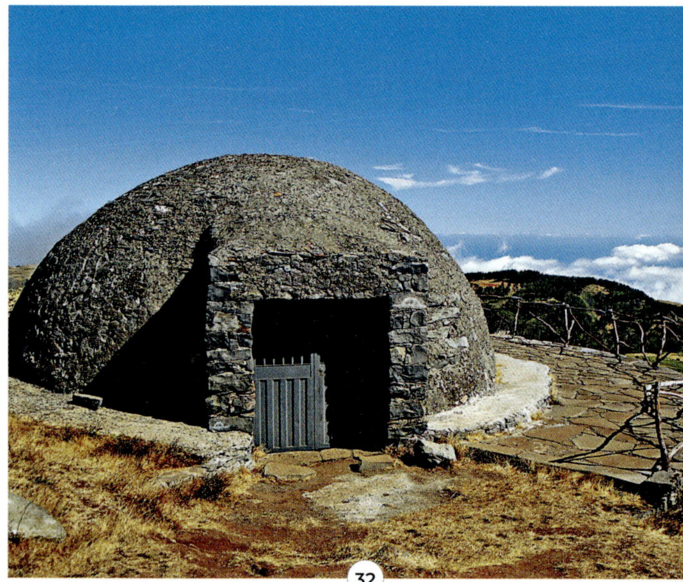

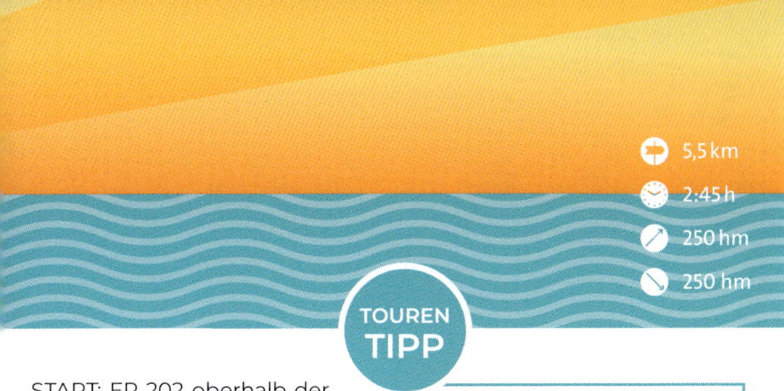

START: ER 202 oberhalb der Poço da Neve (1650 m)

CHARAKTER: Eine kurze Bergtour auf guten Steigen und Wegen inmitten herrlicher Landschaft und mit schönem Tiefblick auf Funchal.

01 Poço da Neve, 1650 m;
02 Bachtal, 1600 m;
03 Bachquerung auf Betonbauwerk, 1520 m;
04 Levadaeinstieg, 1530 m;
05 Hangeinschnitt, 1460 m;
06 Bachgraben, 1420 m;
07 Hochfläche, 1400 m

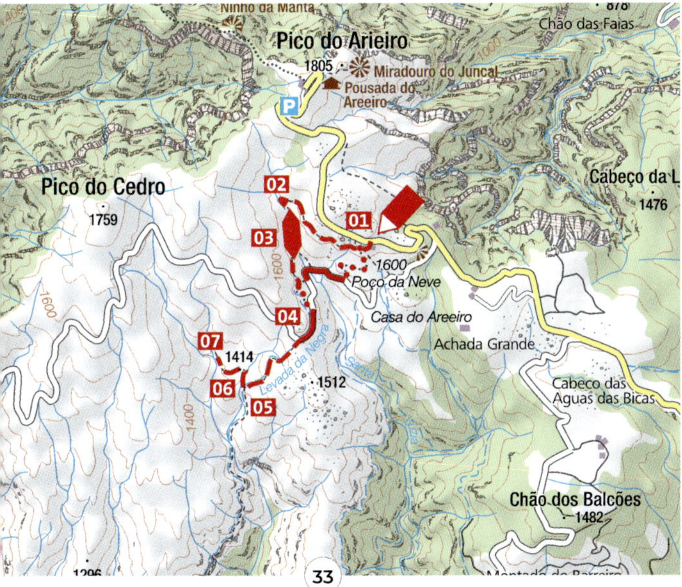

9 MIRADOURO NINHO DA MANTA

Im „Bussardnest“

Der Aussichtspunkt Ninho da Manta bietet einen einzigartigen Ausblick auf São Roque do Faial und das Tal von Fajã da Nogueira, sofern die Sicht frei ist. Bei Inversionswetter thront man hier über den Wolken, umgeben von mächtigen Felsen. Der Aussichtspunkt ist beliebt bei Wanderern, aber kann auch abseits einer Wanderung einfach erreicht werden.

Die Aussichtsplattform Miradouro Ninho da Manta

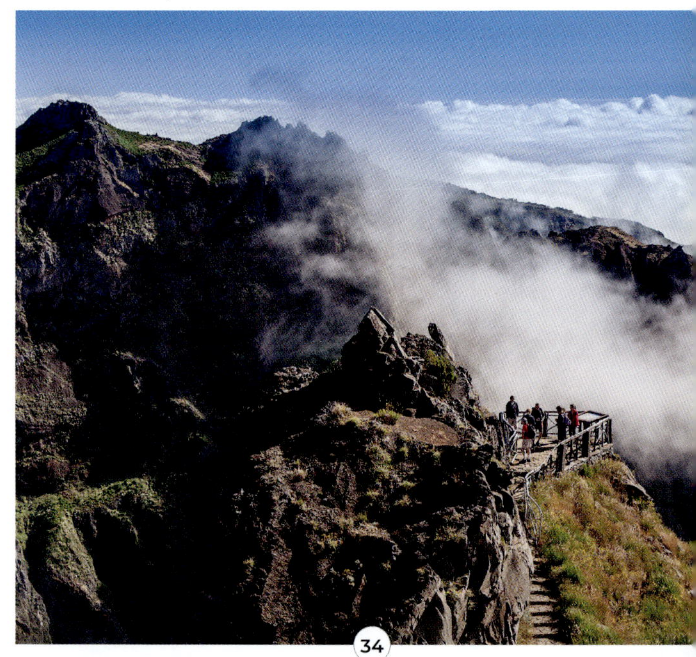

START: Pico do Arieiro (1810 m)

CHARAKTER: Anspruchsvoller alpiner Weg, der zwar gut trassiert und mit Seilgeländern gesichert ist, sich jedoch über weite Passagen in senkrechten Felswänden, steilen Schotterrinnen und auf Graten bewegt; absolute Schwindelfreiheit und Trittsicherheit sind Voraussetzung. Felsstürze beeinträchtigen diese Route hin und wieder, daher sollte man sich vor der Tour vor Ort über den aktuellen Zustand erkundigen; Die Tunnelquerungen erfordern eine Lampe. Ein Felssturzgelände wird mit Leitern und einem Treppenweg umgangen.

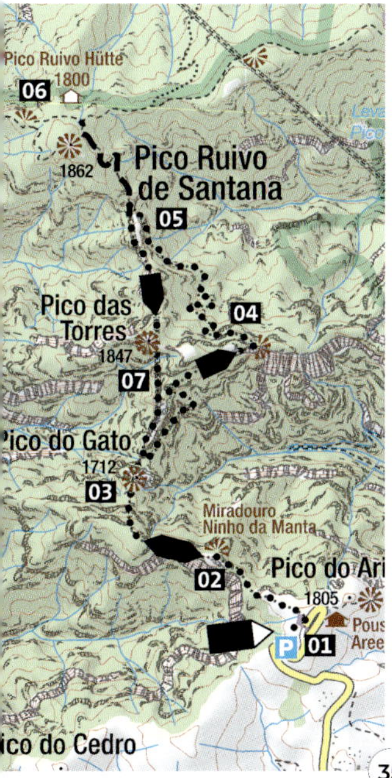

01 Pico do Arieiro, 1820 m;
02 Ninho da Manta, 1775 m;
03 Tunnel Pico do Gato, 1600 m;
04 Pico das Torres, 1750 m;
05 Abzweigung, 1590 m;
06 Pico-Ruivo-Hütte, 1780 m;
07 Höchster Tunnel, 1620 m

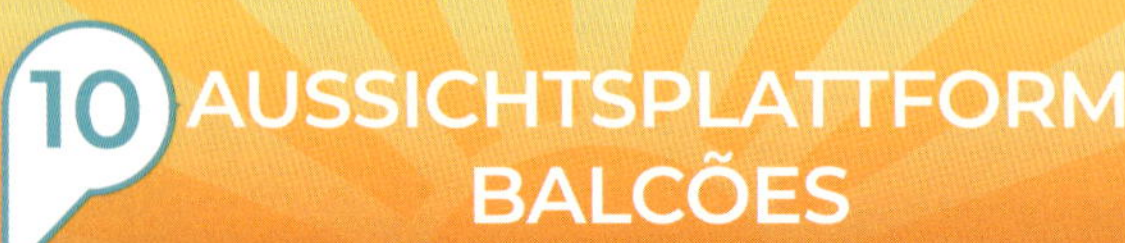

10 AUSSICHTSPLATTFORM BALCÕES

Kurzer Weg zu einem lohnenden Aussichtspunkt

Auf der Aussichtsplattform Balcões steht man unvermittelt mit freiem Blick hoch über dem Tal des Ribeira da Merade. Oftmals kann Nebel den Blick trüben, denn dieser ist dafür verantwortlich, dass hier der herrliche, mystisch anmutende Lorbeerwald wächst. Auf jeden Fall begrüßen uns die Madeira-Buchfinken, die auf „Mitbringsel" der zahlreichen Tagesbesucher warten.

Die Aussichtsplattform Balcões ist leicht zu erreichen

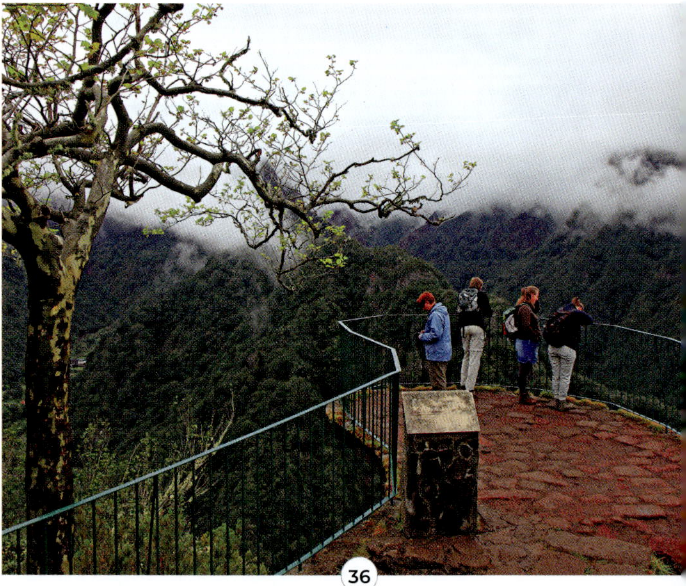

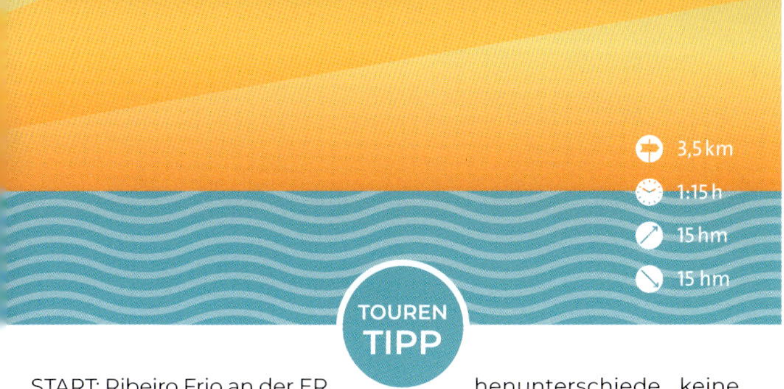

START: Ribeiro Frio an der ER 103 (875 m); Buslinie 103 von Funchal nach Ribeiro Frio

CHARAKTER: Leichte Streckenwanderung auf ebenem und breitem Waldweg, besonders geeignet für Familien, kaum Höhenunterschiede, keine ausgesetzten Wegstellen, Aussichtsplattform mit Geländer und Picknickbank.

01 Ribeiro Frio, 875 m; **02** Aussichtsplattform Balcões, 860 m

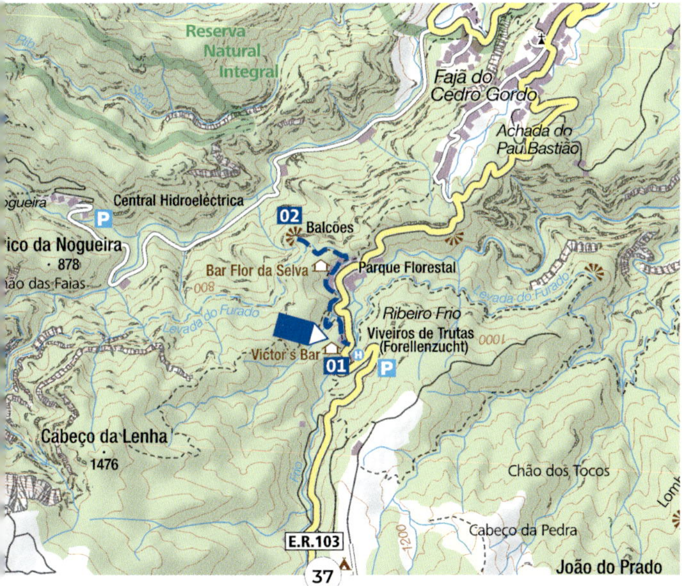

PICO RUIVO

Der höchste Berg Madeiras

Angesichts der schroffen Gebirgskette im Zentrum Madeiras könnte man eine schwierige Gipfeltour erwarten, um den höchsten Gipfel der Insel zu besteigen. Dieser ist immerhin 1862 m hoch und oft in Wolken verhangen. Doch schon am Ausgangspunkt wird klar, dass diese Besteigung einfach zu absolvieren ist, denn die gesamte Wegstrecke bis zum Gipfel präsentiert sich als breiter, gepflasterter Weg. Selbst die Steilanstiege wurden mit Treppen entschärft, die nur im unmittelbaren Gipfelbereich etwas erodiert sind. Allerdings haben die Waldbrände von 2010 die alpine Szenerie teilweise in eine gespenstische Landschaft verwandelt, die allmählich von der Vegetation zurückgeholt wird. Vom Gipfel genießt man bei klarem Wetter einen herrlichen Rundblick fast über die gesamte Insel.

Der Weg ist bis zum Gipfel gut ausgebaut

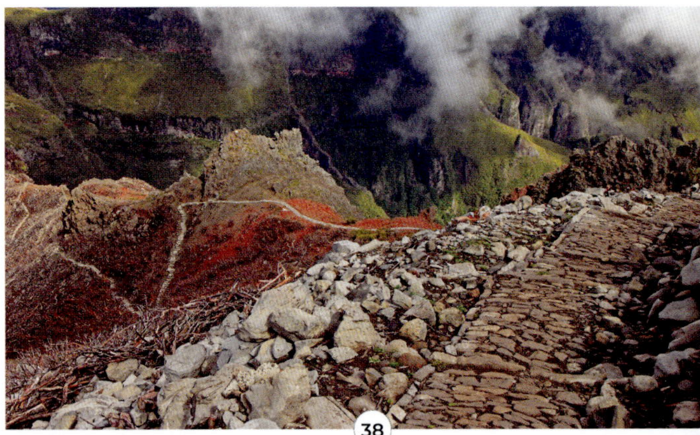

START: Achada do Teixeira (1592 m) am Ende der ER 218, die in Santana beginnt; mit Bus 103 bis Santana, Taxiverbindungen von Santana bis zur Achada

CHARAKTER: Einfache Wanderung auf durchwegs gepflasterten und mit Steintreppen ausgebauten Bergwegen, die ohne ausgesetzte Stellen und mit mäßigen Steigungen bis zum Gipfel verlaufen; zwei Rastplätze entlang des Weges.

01 Achada do Teixeira, 1592 m; 02 Ruivo-Hütte, 1780 m;
03 Pico Ruivo, 1862 m

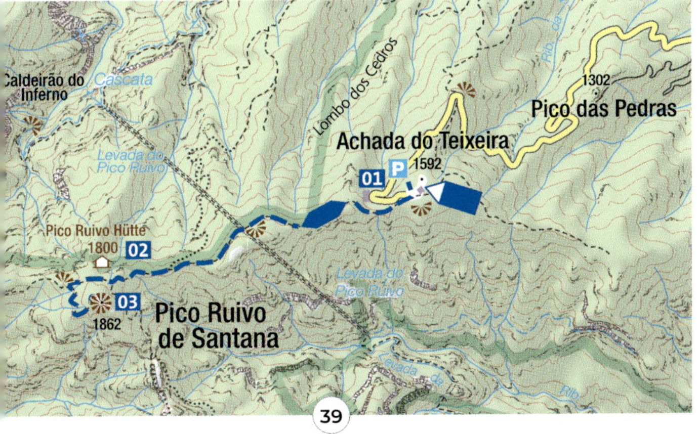

FORSTPARK QUEIMADAS

Wandern mit den Einheimischen

Auch die Madeirenser wandern gerne bzw. halten sich an herausragenden landschaftlichen Orten ihrer Insel auf. Einer von diesen ist das romantische Queimadas, eine Forststation inmitten des Lorbeerwaldgürtels an der Nordseite der Insel. Zwar hüllen die Passatwolken diese Höhenstufe häufig ein, sie liefern aber die notwendige Feuchtigkeit, die der Lorbeerwald zusammen mit den Azaleen benötigt. Deshalb hat man rund um das Forsthaus einen kleinen Park angelegt. Kleinere Bäche fließen mit schäumenden Kaskaden durch das grüne Dickicht, ferner befindet sich hier auch der Ausgangspunkt zur beliebten gleichnamigen Levada-Wanderung, die tief in den Kessel der Schlucht des Caldreirão Verde führt.

Die Forststation Queimadas liegt im Lorbeerwald und erinnert mit ihrem herrlichen Rhododendronpark an einen englischen Landsitz

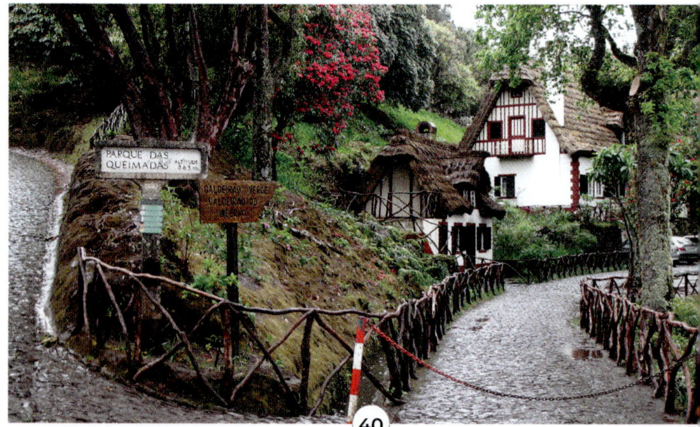

START: Rancho Madeirense (870 m); von Santana auf der ER 218 in Richtung Achada do Teixera, 4,2 km nach dem Ort an der rechten Straßenseite; kein Bus

CHARAKTER: Einfache Waldwanderung auf breitem, bequemem Waldweg (barrierefrei), der jedoch aufgrund der häufig herrschenden Feuchtigkeit und des Lehmbodens rutschig und tief sein kann.

01 Rancho Madeirense, 870 m; **02** Parque das Queimadas, 885 m

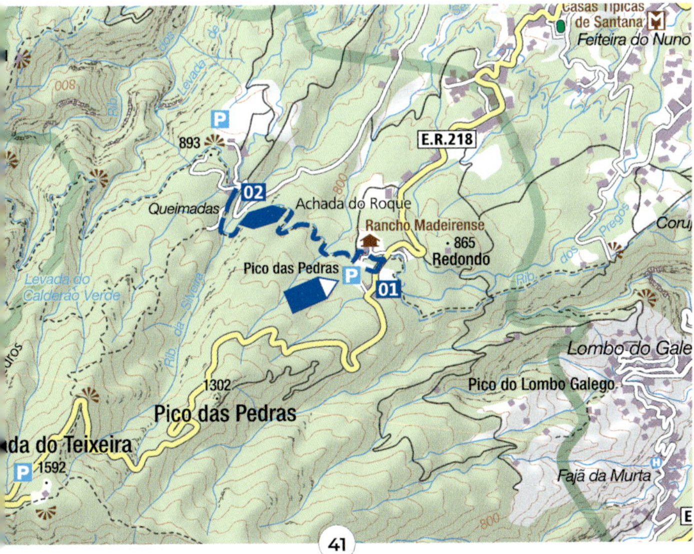

13 ADLER-FELSEN

Markante Felsformation an der Nordküste

An der Nordwestküste von Madeira erhebt sich zwischen den Ortschaften Faial und Porto da Cruz der markante Adlerfelsen knapp 600 m über dem Meeresspiegel und wirkt aus der Ferne wie ein Tafelberg, zum Beispiel vom Miradouro de Portela aus gesehen, klares Wetter vorausgesetzt. Diese markante Gesteinsformation scheint mit den nach allen Seiten steil abbrechenden Felswänden wie eine uneinnehmbare Bastion, die jedoch über die Nordwestflanke bezwungen werden kann. Der relativ kurze, aber sehr anstrengende Weg bietet viel und teils unangenehm dichte Flora sowie einen traumhaften Ausblick.

Der Adlerfelsen

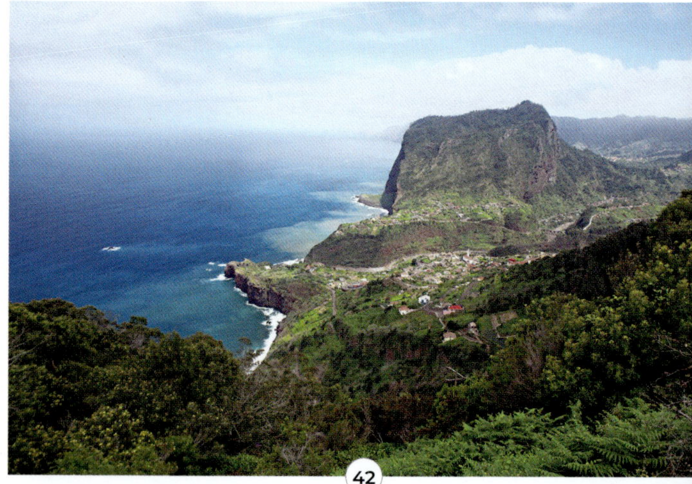

TOUREN TIPP

START: Penha de Águia de Baixo (130 m); von Funchal auf der ER 101 über Machico nach Porto da Cruz und weiter in Richtung Faial, die Nebenstraße zweigt in einer markanten Rechtskurve ab.

CHARAKTER: Kurze, aber gehtechnisch anspruchsvolle Wanderung durch dicht verwachsenes Terrain, zum Teil sind die Steigspuren daher etwas schwer auszumachen; Trittsicherheit ist erforderlich, jedoch keine ausgesetzten Wegabschnitte; Trekkingstöcke werden empfohlen.

01 Penha de Águia de Baixo, 150 m; **02** Gipfel des Adlerfelsens, 590 m

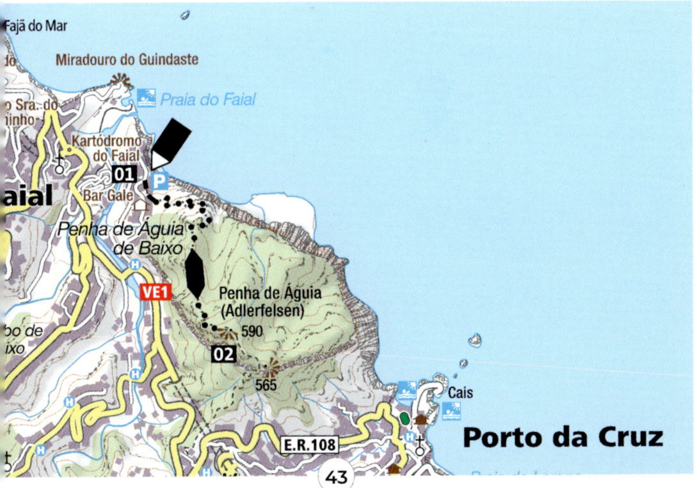

RESERVA NATURAL DA ROCHA DO NAVIO

Die stille Nordseite der Insel

Von der Landzunge Ponta de S. Jorge bis zur Ponta do Clérigo wurde das Meer auf einer Fläche von mehr als 1700 ha im Jahr 1997 als Schutzgebiet „Reserva Natural da Rocha do Navio" ausgewiesen. Dabei handelt es sich um ein ausschließlich marines Reservat, um den Lebensraum der Mittelmeer-Mönchsrobbe zu bewahren. Der insgesamt 6259 m lange Küstenabschnitt entlang des Schutzgebietes ist mit Ausnahme bei São Jorge und der Seilbahn Téléferico da Rocha do Navio bei Santana vom Land aus unzugänglich.

Der waghalsige Fischersteg an der Landzunge von Ponta São Jorge

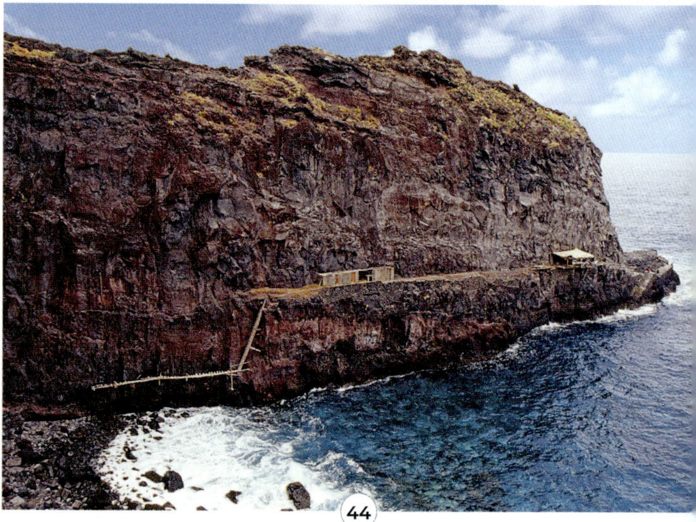

START: Hotelanlage Quinta do Furão (300 m); Buslinie 103 bis zur Haltestelle 400 m südlich der Hotelanlage, retour ebenfalls mit Bus 103

CHARAKTER: Teilweise alter gepflasterter Verbindungsweg zwischen den Dörfern mit steilem Abstieg ins Tal der Ribeira de São Jorge, Küstenwanderung unterhalb von São Jorge.

01 Quinta do Furão, 300 m; **02** Achada do Gramacho, 320 m; **03** Calhau, 0 m; **04** Ponta de São Jorge, 0 m; **05** São Jorge, 300 m

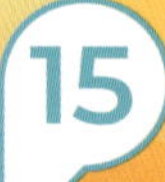

LEVADA DO REI

Zu einer paradiesischen Schlucht

Die Levada do Rei, die „Königs-Levada", verläuft weitgehend durch intensiv bewaldetes Gelände und führt das Wasser des Ribeiro Bonito aus dem wildreichen Tal an die Küste. Der Fluss wirkt wie eine Märchenlandschaft und ist in moosbewachsene, grüne Felswände, Farnschluchten und Lorbeerurwald eingebettet. Nicht umsonst trägt er den Namen, der soviel wie „Schöner Fluss" bedeutet. Der an sich einfach zu begehende Weg weist aber abschüssige Passagen auf, die zwar teilweise mit Geländern gesichert sind, aber dennoch ein wenig Schwindelfreiheit verlangen. Auch Rinnsale können als Wasserschleier über die Steilwände auf die Levada fallen und für rutschige und durchnässende Wandersituationen sorgen. Dafür bestehen keinerlei Orientierungsprobleme, denn der einsame Verlauf des Wasserkanals führt an keinen Verzweigungen oder anderen Wanderwegen vorbei.

Die Levada do Rei führt in eine üppig bewachsene Schlucht

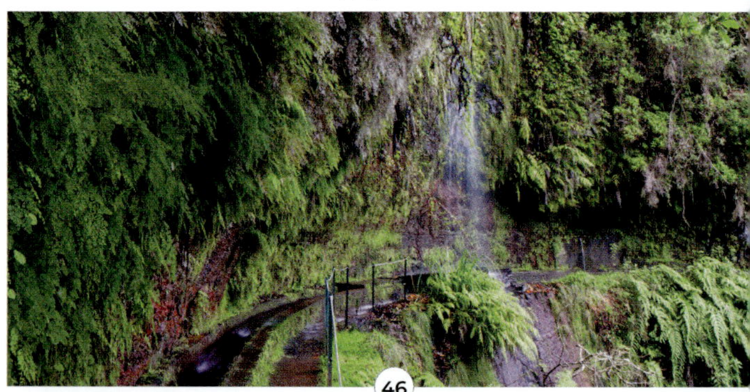

START: Quebradas (535 m); keine Busse

CHARAKTER: Eindrucksvolle kurze Levadawanderung in ein einsames Flusstal mit herrlicher Vegetation und Bademöglichkeit im Sommer; einige Stellen sind leicht ausgesetzt, mittlere Schwindelgefahr; der kurze Tunnel ist ohne Taschenlampe passierbar; Snackbar in Quebradas.

01 Quebradas, 535 m; 02 Ribeiro Bonito, 575 m

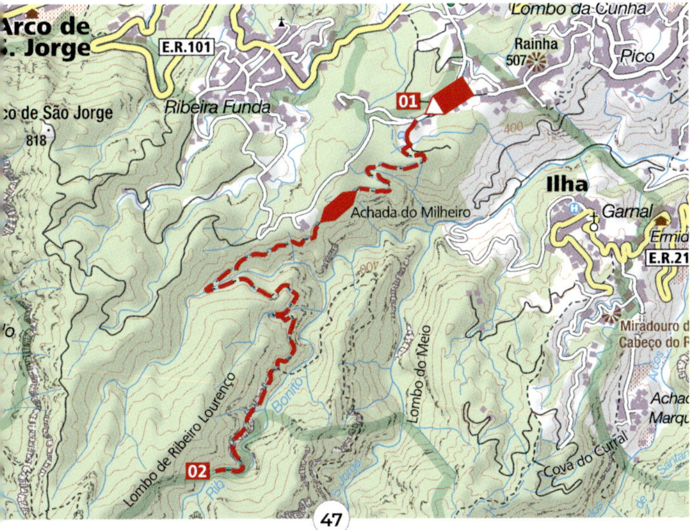

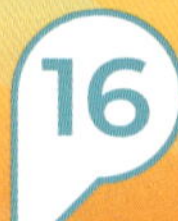

CAMINHO DA ENTROSA

Historischer Pflasterweg

Alte Küstenwege, die vor dem Bau der Straßen die Ortschaften miteinander verbanden, sind auf Madeira heute selten zu finden. Ein reizvoller Abschnitt eines solchen Saumpfades blieb an der Nordküste zwischen den Ortschaften Arco de San Jorge und Boaventura erhalten, der zwar nur 2 km lang ist, aber durch Steilküste zwischen den Orten verläuft. Der gepflasterte und breite Weg ist mit alten Steinmauern oder Eisengeländern gesichert und weist somit keinerlei ausgesetzte Stellen auf, obwohl wir teilweise 200 m oberhalb des tosenden Meeres unterwegs sind. Vor dem Bau der Schutzmaßnahmen stellte der Abschnitt für manche eine unüberwindbare Barriere dar. Ab und zu hat Bewuchs die Trasse in Beschlag genommen, jedoch bleibt stets genug Platz, um ein sorgloses Gehen zu ermöglichen.

Der wundervolle Ausblick zur Felsnase von São Cristovão

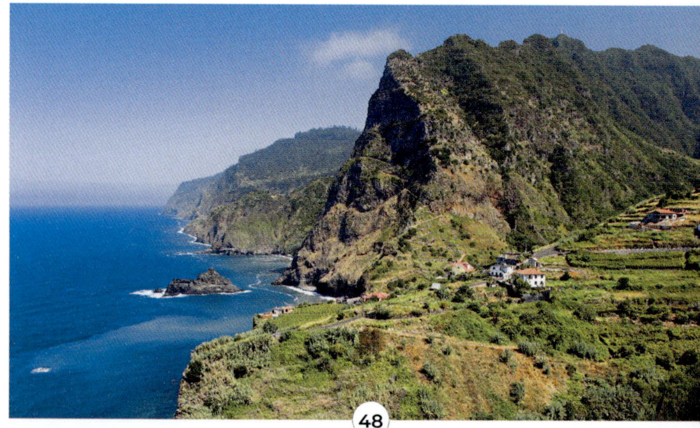

START: Boaventura (180 m); Buslinien 103 und 1032 von Hórarios und Linie 6 von Rodeoste nach Arco de São Jorge, jedoch ungünstige Fahrpläne

CHARAKTER: Gut ausgebauter historischer Saumpfad mit teils schottrigem Untergrund; Wanderschuhe sind von Vorteil, keine ausgesetzten Wegstellen.

01 Boaventura, 180 m; **02** Restaurante São Cristovão, 70 m; **03** Steinbrücke, 10 m; **04** Felsnase São Cristovão, 210 m; **05** Arco de São Jorge, 270 m

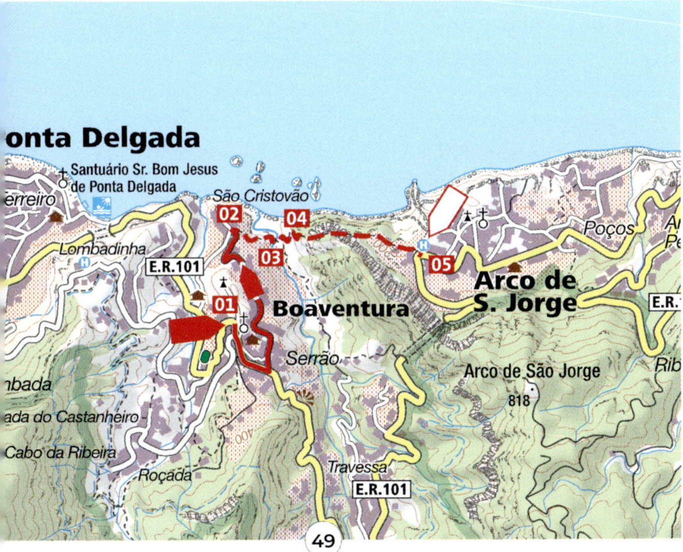

CURRAL DAS FREIRAS

Ins Tal der Nonnen

Das Tal der Nonnen, oder, wie es wörtlich übersetzt heißt, der „Stall“ oder das „Gehege der Nonnen“, ist bzw. war ein einsamer Talkessel im Hinterland von Funchal. Da Vulkanwände und die höchsten Gipfel der Insel das Tal komplett umrahmen, gab es bis in die 1950er-Jahre keine Straßenverbindung. Selbst die damals kühn in den Felswänden angelegte Straße benötigte einen Tunnel unterhalb der Aussichtskanzel von Eira do Serrado, über die bis dahin ein Saumpfad als einziger Zugang zum Tal verlief.

Heute bringt uns ein langer Straßentunnel bequem nach Curral das Freiras, auch wenn von Funchal aus etliche Serpentinen zu absolvieren sind. Die Abgeschiedenheit dieses bizarren und bei klarem Wetter begeisternden Talkessels nutzten früher Nonnen des Klosters Santa Clara in Funchal, um vor Piraten und den Korsaren Zuflucht zu nehmen. Ein Teil dieses „Fluchtsteiges“ bildet die Route eines Wanderweges, der über den Steilhang unterhalb von Eira do Serrado über 450 Höhenmeter ins Tal hinabsteigt.

START: Aussichtspunkt Eira do Serrado (1094 m); Buslinie 81 von Funchal zum Eira do Serrado (Fahrplan beachten)

01 Eira do Serrado, 1090 m;
02 Rastplatz/Straße, 600 m;
03 Curral das Freiras, 650 m

CHARAKTER: Gut trassierter, breiter und durchwegs gepflasterter Saumpfad, der teils steil, aber immer gut begehbar abwärts führt. Zuletzt geht man über Asphaltstraßen, etwas luftig, aber keine ausgesetzten Stellen; bei Nässe rutschig.

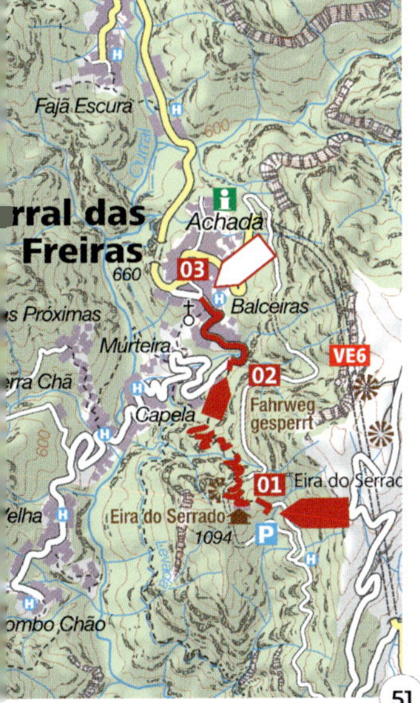

Talkessel von Curral das Freiras

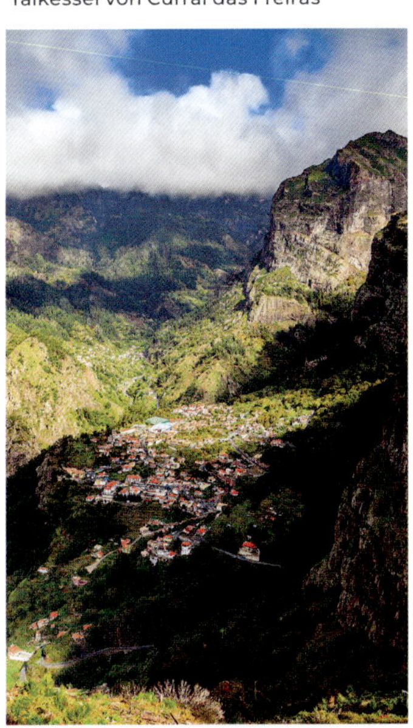

CHÃO DOS TERREIROS

Leichte Höhenwanderung an der Westküste

Als Chão dos Terreiros wird ein Vermessungspunkt auf einem Vorgipfel des zentralen Höhenrückens zwischen Encumeada und dem Tal von Curral das Freiras bezeichnet, der auf 1425 m Höhe liegt und bei klarem Wetter einen herrlichen Blick auf die Berge Madeiras ermöglicht. Das Panorama reicht vom Pico Grande bis zur Serra de Agua und Paul da Serra und sogar bis zum Meer hinab nach Camara de Lobos und Ribeira Brava. Dieser Aussichtspunkt wird weniger besucht, als der nahe Pico Grande, ist aber wesentlich leichter zu erwandern. Zudem ermöglicht der Höhenweg rund um Fontes eine der wenigen Rundtouren auf Madeira. Leider war das Gelände 2010 vom großen Feuer betroffen, die Wege sind aber wieder in Stand gesetzt worden und die Natur regeneriert sich zusehends.

Diese Betonsäule markiert den Gipfel des Chão dos Terreiros

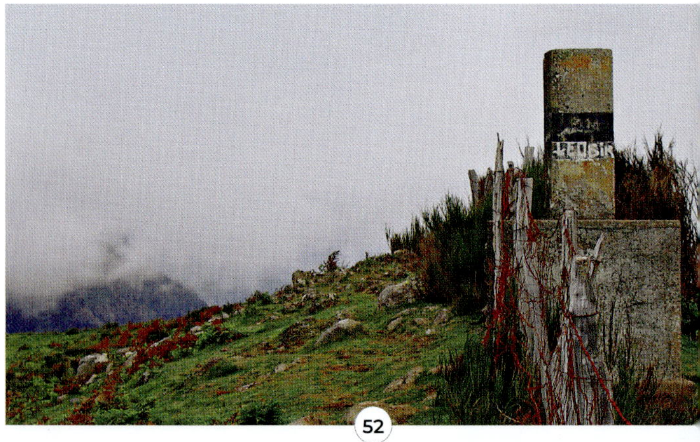

START: Fontes (950 m); nach Fontes gelangt man nur mit dem Auto.

CHARAKTER: Einfache Wanderung auf breiten, teilweise steinigen Wirtschaftswegen, nur der Anstieg zum Vermessungspunkt verläuft auf einem Pfad; keine ausgesetzten Wegstellen.

01 Fontes, 950 m; **02** Beginn Forstweg, 950 m; **03** Forsthaus, 1170 m; **04** Abzweigung, 1330 m; **05** Chão dos Terreiros, 1436 m; **06** Aussichtspunkt, 1220 m

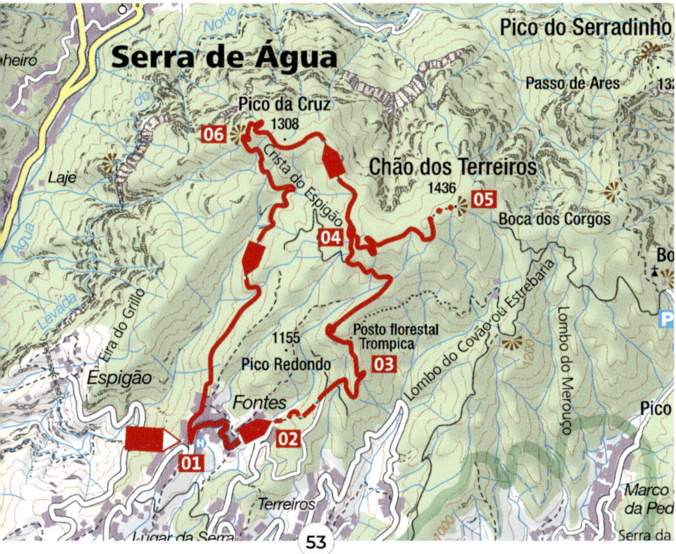

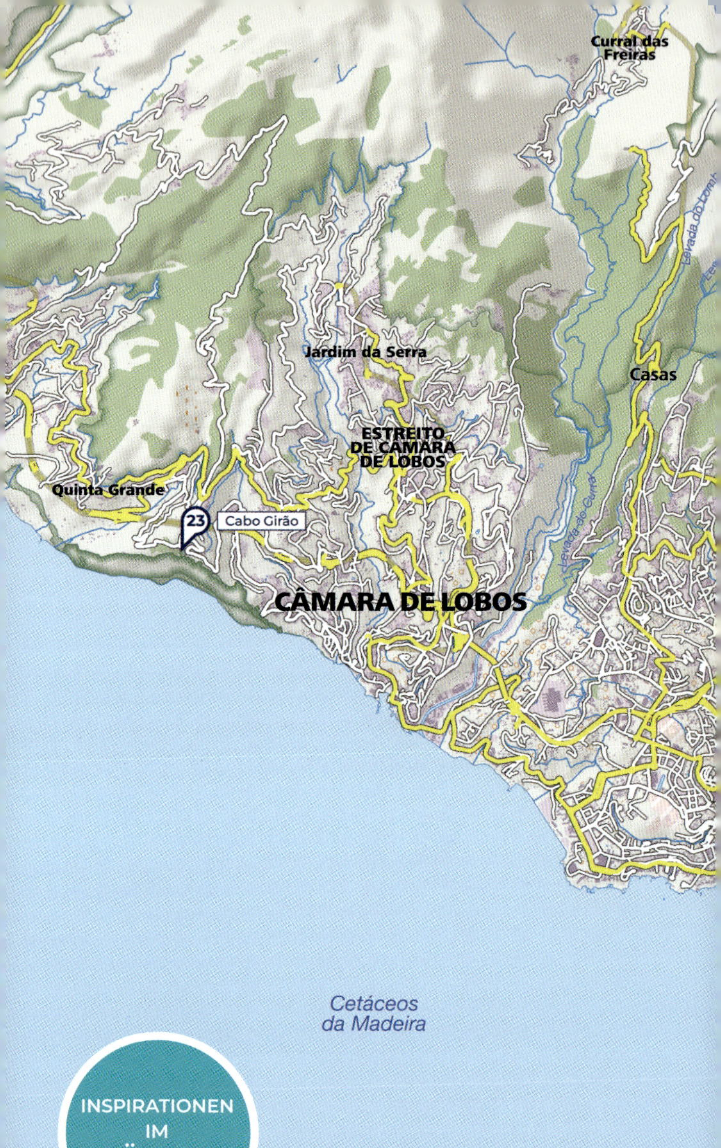

INSPIRATIONEN IM SÜDEN

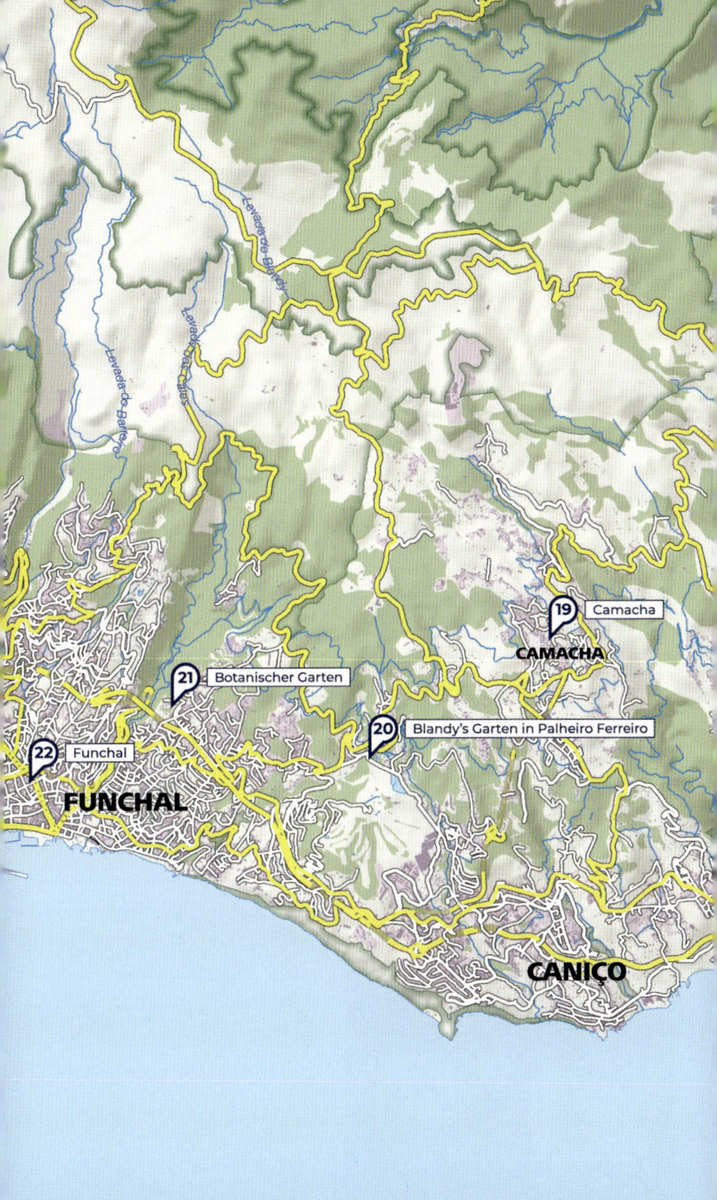
Levada do Blandy
Levada das Cales
Levada do Barreiro
19 Camacha
CAMACHA
21 Botanischer Garten
20 Blandy's Garten in Palheiro Ferreiro
22 Funchal
FUNCHAL
CANIÇO

19 KORBFLECHTERDORF CAMACHA

Heimat des Korbflechtens

Für Korbflechtereien gibt es auf Madeira vor allem eine Adresse: Die Manufaktur Café Relógio in Camacha. Dort erhält man alles, was aus Weidenruten hergestellt werden kann: Papierkörbe, Brotkörbchen, Einkaufskörbe. Die Weiden gedeihen rund um Camacha in einer Höhenlage von 700 m aufgrund der herrschenden Feuchtigkeit besonders gut. Der Handel mit diesen Waren zählt neben Wein, Bananen und Stickereien zu den wichtigsten Exportgütern Madeiras. Die Fertigungsmethoden sind mehr als hundert Jahre alt und werden noch heute nach alter Tradition ausgeübt. Vor dem Flechten müssen die Weidenruten in Wasser eingeweicht werden. Zum Flechten werden dann verschiedene Schablonen verwendet, um die unterschiedlichen Körbe herzustellen. Insgesamt gibt es in Madeira noch 450 Betriebe, die dieses Handwerk ausüben. Das Café Relógio liegt direkt am Hauptplatz und betreibt auch ein Restaurant und einen Hotelbetrieb. Die Korbflechter befinden sich im Untergeschoss und können bei der Arbeit beobachtet werden. Im Obergeschoss gibt es die Erzeugnisse dann zum Kaufen.

In Camacha

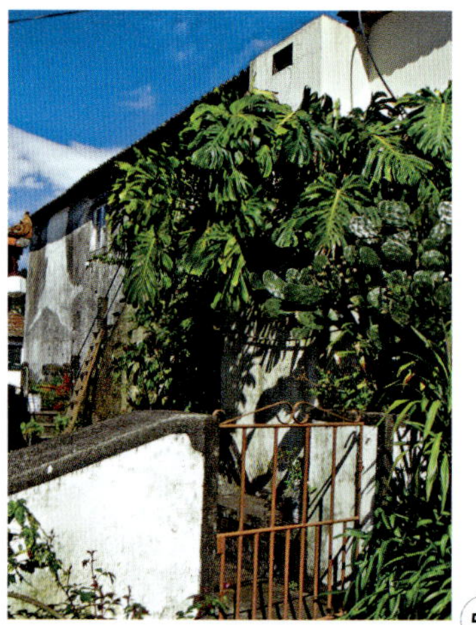

11 km
3:30 h
100 hm
500 hm

TOUREN TIPP

START: Hauptplatz von Camacha, Largo da Achada (700 m); Buslinie 129 von Funchal nach Camacha. Die Bushaltestelle beim Botanischen Garten liegt am unteren Ende des Caminho da Meio

CHARAKTER: Gemütliche und eichte Wanderung auf einem schattigen Levadaweg ohne nennenswerte Steigungen; der Zubringerweg und der Abstieg zum Botanischen Garten auf Nebenstraßen weisen jedoch stärkere Höhenunterschiede auf.

01 Camacha, 700 m;
02 Levada da Serra do Faial, 800 m;
03 Achadinha, 800 m;
04 Endpunkt Levada, 750 m;
05 Botanischer Garten, 300 m

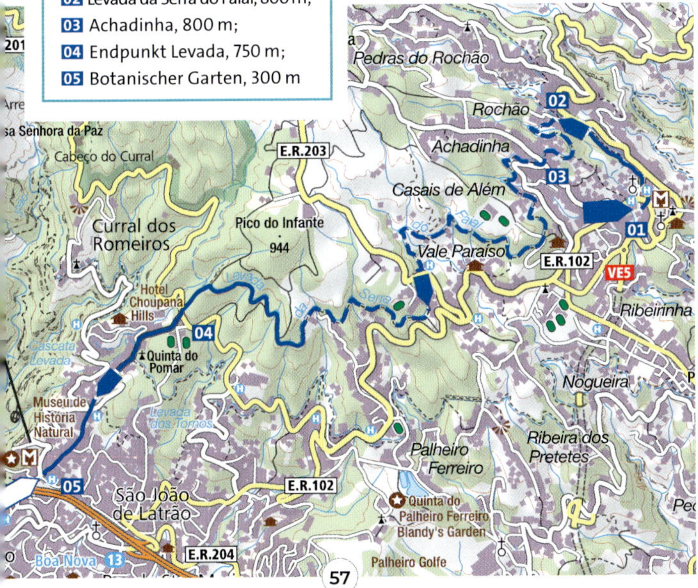

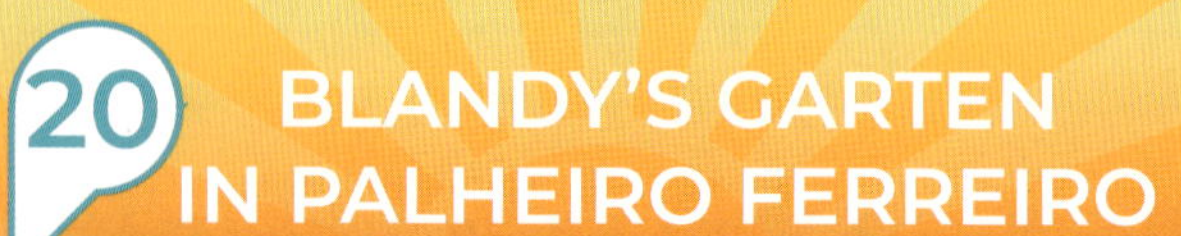

20 BLANDY'S GARTEN IN PALHEIRO FERREIRO

Gartenkunst auf 200.000 m^2

In dieser prachtvollen, 200.000 m2 großen Anlage (auch bekannt als Palheiro Garden), die als schönster Privatgarten Madeiras gilt, kommt jeder Blumenfreund auf seine Kosten. Der Park stellt eine Mischung aus englischer und französischer Gartenkunst dar, der zum Lustwandeln dient, aber auch einen botanischen Garten darstellt. Man benötigt mehrere Stunden, um die gesamte Blütenpracht entdecken zu können.

In Blandy's Garten

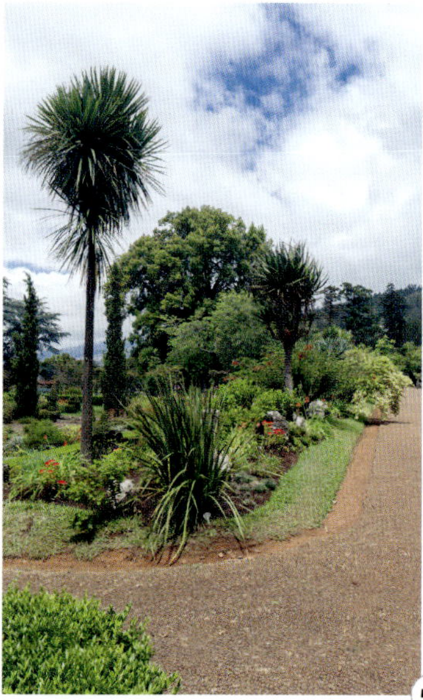

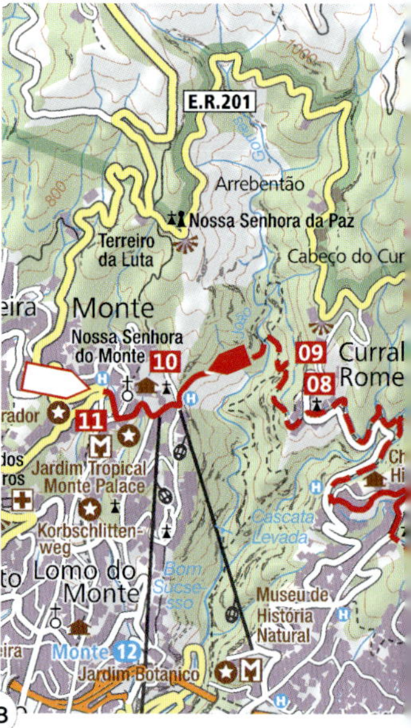

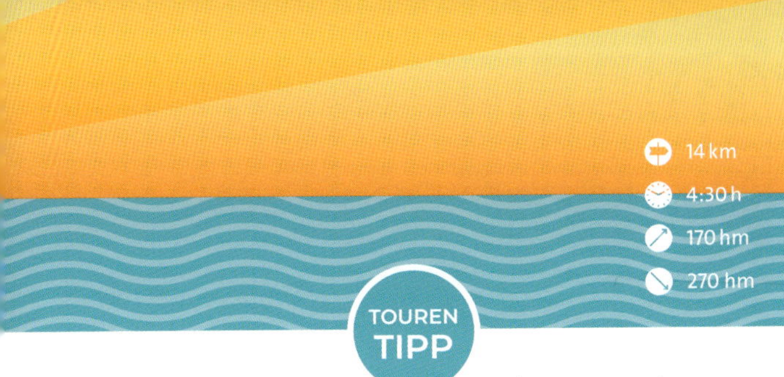

START: Ortszentrum von Camacha an der Largo da Achada (700 m); Bus 129 von Funchal nach Camacha, Stadtbus 20 und 21 von Monte nach Funchal oder Gondelbahn in die Avenida do Mar

CHARAKTER: Einfache und klassische Levada-Wanderung auf gut ausgebautem Levadaweg ohne nennenswerte Schwierigkeiten; die Orientierung ist aufgrund mehrerer Seitenwege etwas schwierig; zwischen Curral dos Romeiros und Monte benützen wir den alten Verbindungsweg, da die Levadastrecke ausgesetzt ist.

01 Camacha, 700 m; **02** Levadaeinstieg, 600 m; **03** Ribeirinha, 600 m; **04** Nogueira (Siedlung), 630 m; **05** Ende von Nogueira, 630 m; **06** Levadaeinstieg, 600 m; **07** Blandy's Garten, 600 m; **08** Curral dos Romeiros, 600 m; **09** Ribeira João Gomes, 450 m; **10** Largo das Barbosas, 600 m; **11** Monte, 620 m

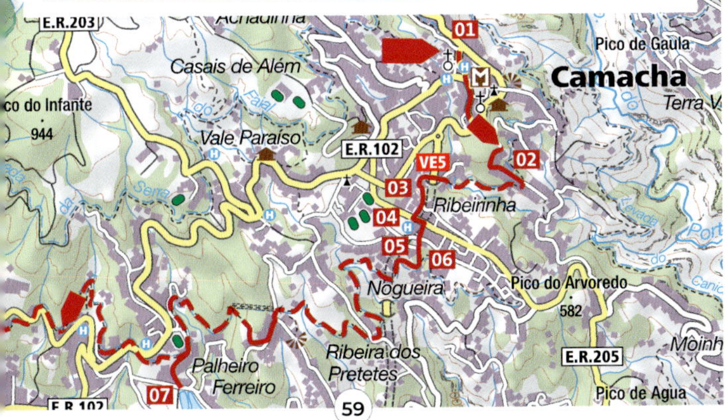

21 BOTANISCHER GARTEN VON FUNCHAL

Blumenexpedition hoch über Funchal

Madeira ist bekannt als die „Blumeninsel". Übersetzt bedeutet sie jedoch „Holz", da sie zu Zeiten ihrer Entdeckung fast gänzlich mit Lorbeerwald bedeckt war. Siedler brachten nach und nach neue, exotische Pflanzen nach Madeira, die bald hier heimisch wurden. Kaufleute schmückten ihre Gärten und Parkanlagen im 18. Jahrhundert mit attraktiven, tropischen und subtropischen Pflanzen. So präsentiert sich Madeira heute als „Schwimmender Garten"; jede Jahreszeit hat dabei ihre ganz eigene, jedoch stets überaus reiche Blütenfülle.

Der Botanische Garten in Funchal wurde 1960 gut 3 km oberhalb des Stadtzentrums auf dem Areal der Quinta do Bom Sucesso errichtet. Linienbusse oder Gondelbahn bringen uns bequem aus Funchal zum Jardim Botânico, der mit sei-

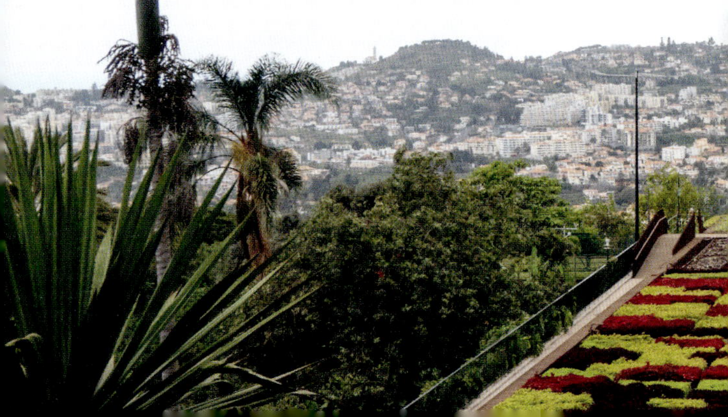

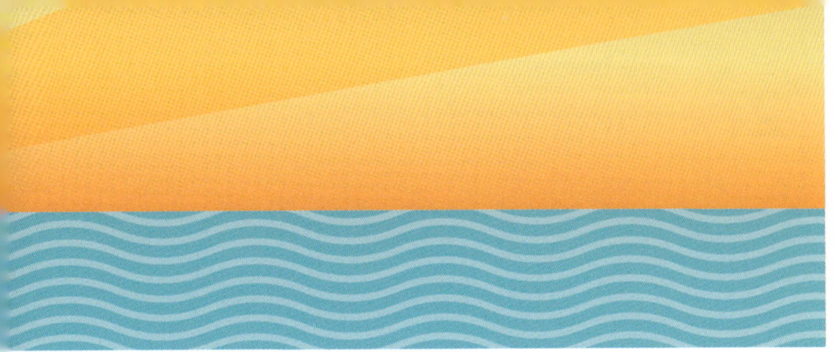

nem verzweigten Wegenetz über eine Fläche von 35.000 m² ausgedehnte Spaziergänge erlaubt. Er wurde an einem Hang zwischen 200 und 350 Meter Seehöhe angelegt, daher müssen wir bei der Besichtigung einige Höhenmeter überwinden.

Direkt hinter dem Haupteingang befinden sich zunächst die Pflanzen, die auf Madeira einheimisch sind sowie die Arten der höheren Bergregionen. Dazu gehört neben der Madeira-Blume auch die Papageienblume. Wir spazieren über den Rundweg weiter durch den Baumgarten: ein Résumé an Laub- und Nadelbäumen, zu denen sich auch zahlreiche Holzgewächse aus dem Himalaya gesellen. Die folgende, obere Terrasse ist von gestalteten Gärten, Sukkulentenbeeten und landwirtschaftlichen Pflanzen bestimmt. Wir folgen

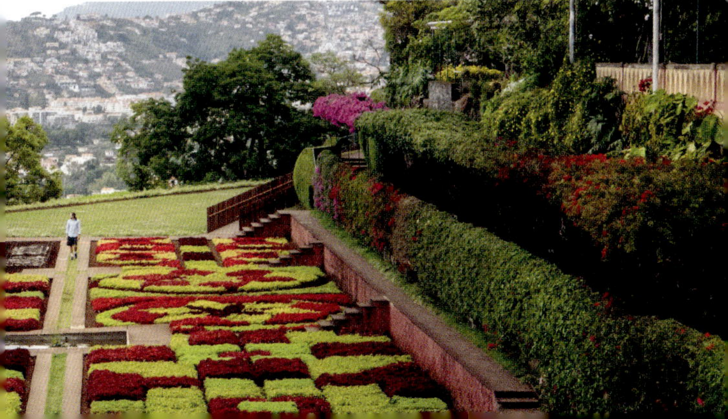

dem breiten Weg weiter hinab, zu einem großen Platz mit Palmfarnen. Hier befindet sich auch der untere Eingang. Rechter Hand befindet sich der „Loiro Parque“, ein Vogelpark mit Papageien und anderen exotischen Vögeln.

Auf dem Rückweg gelangen wir zunächst durch den Palmengarten und danach durch das Areal mit den einheimischen Pflanzen Madeiras. Auf dem Weg zur Talstation der Seilbahn gibt es Cafés, medizinische Pflanzen, eine Klippe mit einheimischen und tropischen Nutzpflanzen. Zur richtigen Zeit winken uns die satten Früchte von Mango, Papaya und Kaffee zu. Dann erreichen wir die Liebesgrotte und den Aussichtspunkt auf die Bucht von Funchal. An der Talstation der Seilbahn endet der Rundweg.

Der Garten ist staatlich verwaltet und steht der Forschung zur Verfügung. 1997 wurde er erweitert, um botanisch bedeutsame Pflanzen wie die Cycaspalmfarne aufzunehmen. Zudem gibt es ein kleines, naturhistorisches Museum, das vorwiegend Tierpräparate ausstellt. Rastbänke, teilweise herrliche Ausblicke, ein Amphitheater und ein Terrassencafé machen den Spaziergang noch kurzweiliger. Für den Rückweg können wir auch den Botanischen Garten am unteren Ende verlassen und mit dem Taxi in die Altstadt zurückfahren.

START: Botanischer Garten. Auffahrt mit der Seilbahn vom östlichen Rand der Altstadt. Alternativ Fahrt mit der Buslinie 31, 31A und 29 vom Zentrum Funchals aus direkt zum Botanischen Garten.

CHARAKTER: Keine Wanderung im eigentlichen Sinne, eher ein Spaziergang. Parkwege und Treppen führen im Botanischen Garten Madeiras durch fünf Hauptbereiche auf über 35.000 m².

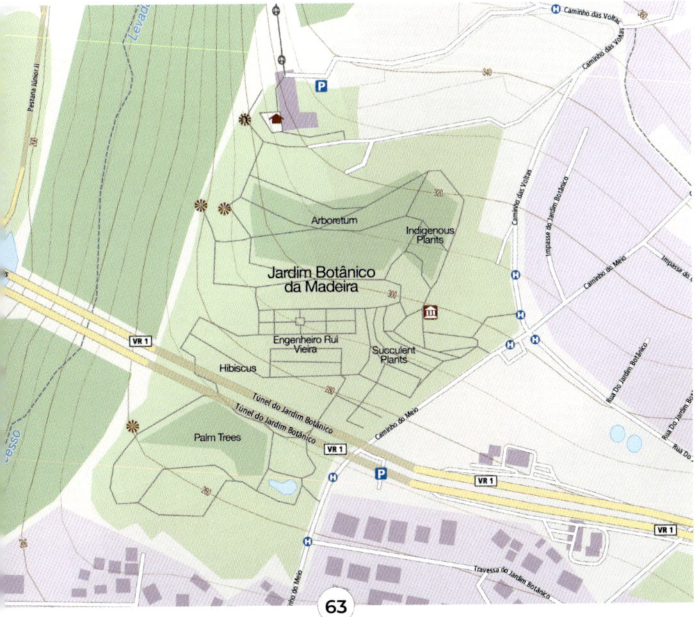

22 FUNCHAL

Stadtrundgang durch die Hauptstadt

Die Hauptstadt von Madeira überrascht uns mit einem mondänen Stadtzentrum, einer herrschaftlichen Promenade entlang des Hafens und einem sehr quirligen Markt, der in einem Viertel im Osten angesiedelt ist. Zahlreiche Sehenswürdigkeiten reihen sich aneinander und erlauben einen spannenden, abwechslungsreichen Stadtrundgang. Im Großraum von Funchal lebt fast die halbe Inselbevölkerung, nämlich knapp 130.000 Menschen, die das weitläufige Stadtgebiet an den Hängen der zentralen Gebirgskette besiedeln. Die meisten Touristen statten dem Stadtteil Monte einen Be-

Luftbild von Funchal

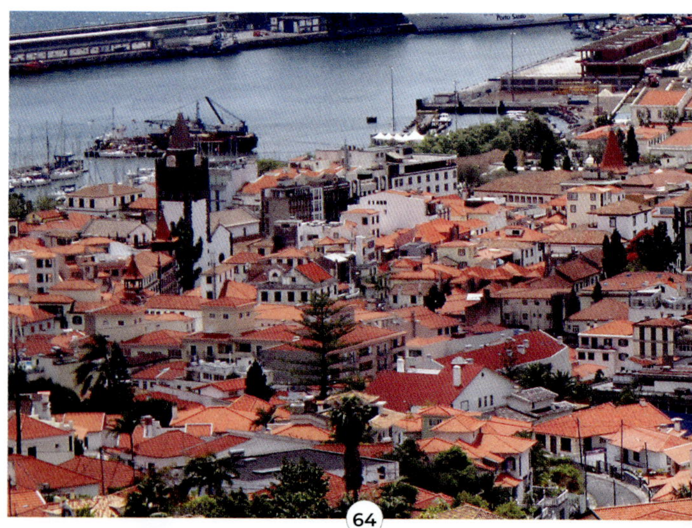

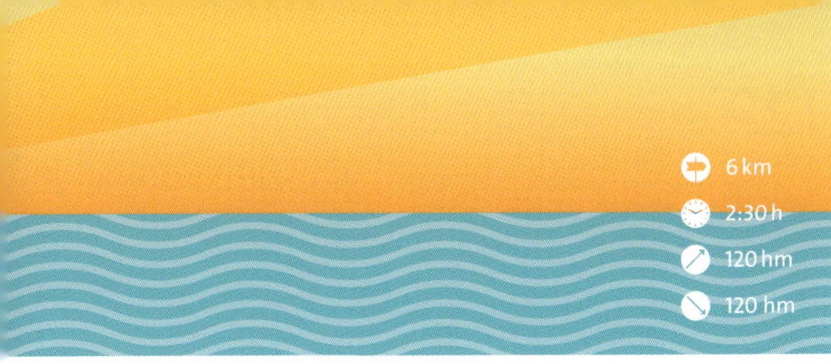

such ab, das 500 Höhenmeter oberhalb des Hafens tropische Gärten, eine sehenswerte Kirche und herrliche Aussichten auf die Westküste bietet. Man sollte sich aber den Besuch eines Straßencafés oder einer Weinstube in der pittoresken Altstadt nicht entgehen lassen oder einen Vormittag in den Parks oder den großzügigen Promenaden zwischen Palacios, Museen und Kirchen verbringen. Daneben können kuriose Museen wie das Zuckermuseum oder das Museum der Erinnerungen besichtigt werden.

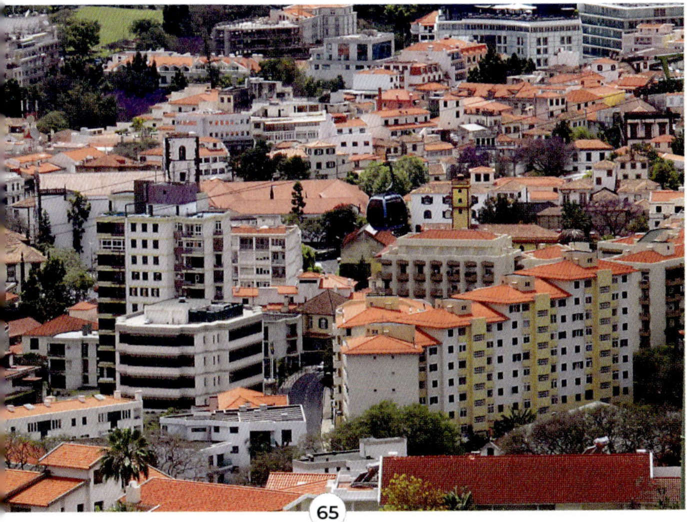

22 FUNCHAL

Stadtrundgang durch die Hauptstadt

01 Funchal, Avenida do Mar, 10 m; 02 Park Santa Catarina, 50 m; 03 Kreisverkehr, 20 m; 04 Rua das Cruzes, 60 m; 05 Kloster Santa Clara, 120 m; 06 Stadtgarten, 30 m; 07 Kathedrale, 30 m; 08 Rathaus, 30 m; 09 Markthalle, 30 m; 10 Seilbahn Monte, 15 m; 11 Fortaleza São Tiago, 10 m

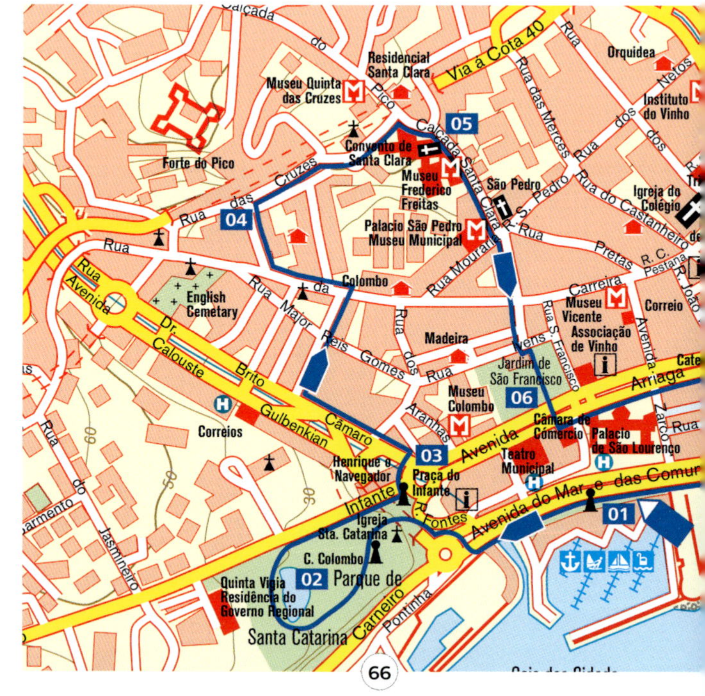

START: Funchal, Avenida do Mar, Palácio São Lourenço (10 m); Busbahnhof in Funchal mit Linien aus allen Teilen der Insel

CHARAKTER: Einfache Stadtwanderung auf asphaltierten und gepflasterten Straßen und Gassen;

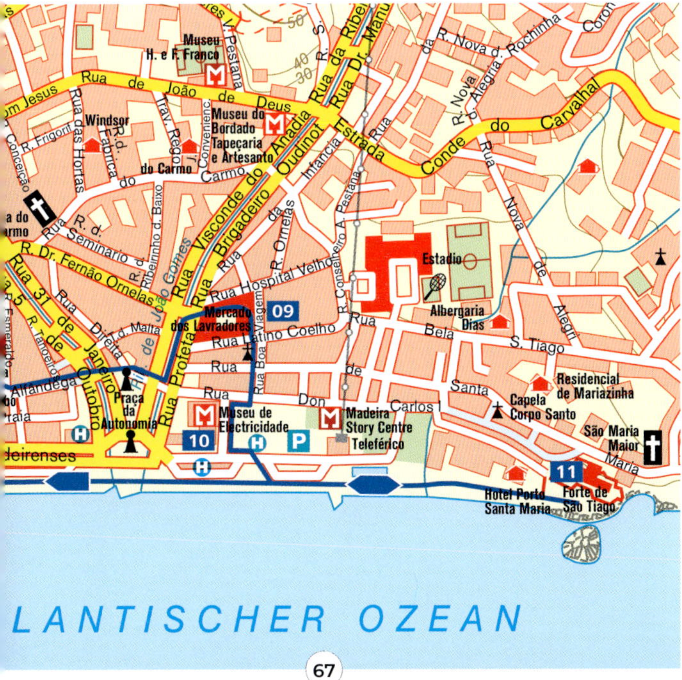

23

CABO GIRÃO

Mächtiges Kap

Das Cabo Girão gilt als eines der meistbesuchten Ausflugsziele auf Madeira. Das 580 m hohe, frei ins Meer abfallende Kap gehört zu den höchsten Klippen Europas und gewährt von der überstehenden Plattform einen im wahrsten Sinne des Wortes atemberaubenden Tiefblick, der nicht jedem möglich ist. An den Hängen links und rechts des Kaps siedeln seit Jahrhunderten Menschen und haben die Steilhänge zu kühnen Terrassenlandschaften verwandelt. Diese werden von der Levada do Norte durchquert, die eine gute Gelegenheit gibt, diese uralten Kulturlandschaften zu erkunden und zu Fuß zum Kap zu gelangen.

Beeindruckende Tiefe

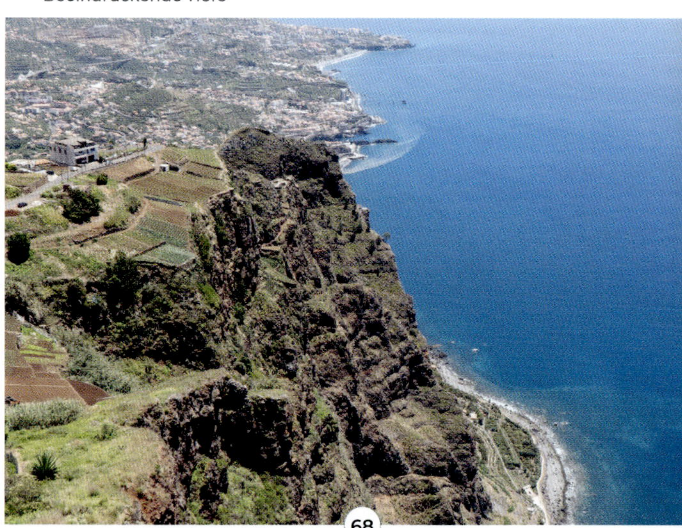

START: Bushaltestelle in Estreito de Camara de Lobos, direkt am Kreisverkehr in Richtung Jardin da Serra und Fajã das Galinhas/Castelejo (545 m)

CHARAKTER: Weitgehend einfache Levada-Wanderung auf breiten, teils betonierten Wegen, nur im Tal des Ribeira de Caixa befinden sich einige schmale und etwas abschüssige Passagen, deretwegen die Tour als rot/mittelschwer eingestuft wird. Die meisten Stellen sind mit Geländern gesichert; einfache Orientierung, ab und zu Metallschilder.

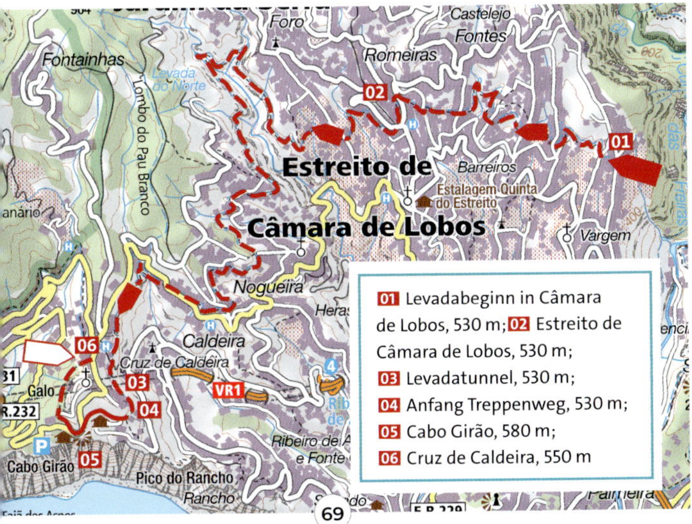

01 Levadabeginn in Câmara de Lobos, 530 m; **02** Estreito de Câmara de Lobos, 530 m; **03** Levadatunnel, 530 m; **04** Anfang Treppenweg, 530 m; **05** Cabo Girão, 580 m; **06** Cruz de Caldeira, 550 m

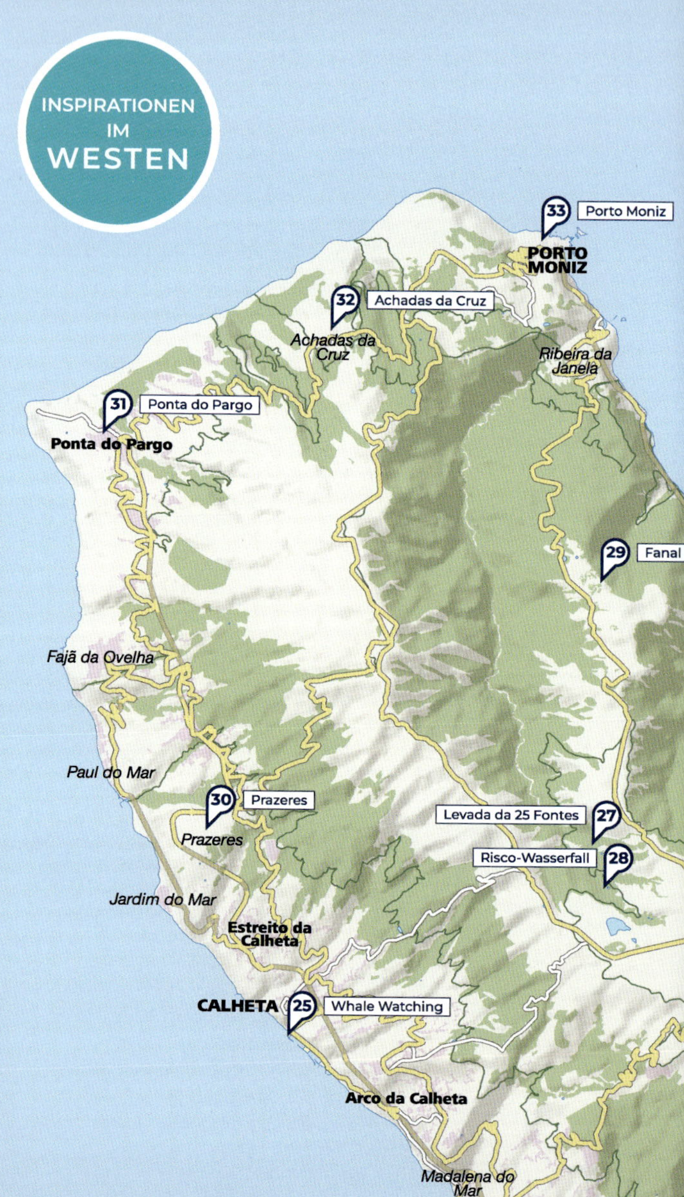
INSPIRATIONEN
IM
WESTEN
33 Porto Moniz
PORTO MONIZ
32 Achadas da Cruz
Achadas da Cruz
Ribeira da Janela
31 Ponta do Pargo
Ponta do Pargo
29 Fanal
Fajã da Ovelha
Paul do Mar
30 Prazeres
Prazeres
Levada da 25 Fontes 27
Risco-Wasserfall 28
Jardim do Mar
Estreito da Calheta
CALHETA
25 Whale Watching
Arco da Calheta
Madalena do Mar

Cetáceos da Madeira

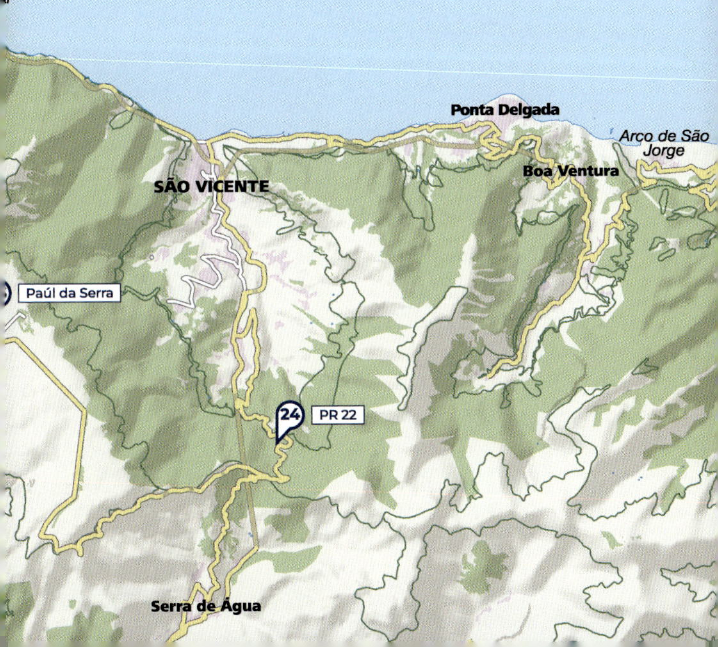

24 PR 22 - BOTANISCHE GENUSSTOUR

Am Fuß des Encumeada-Passes

Nur etwa 1,5 km unterhalb des Encumeada-Passes hat die Inselregierung an der ER 228 in Richtung Rosário und São Vicente im Bereich der bestehenden Picknick-Anlage Chão dos Louros den knapp 2 km langen Rundweg PR 22 geschaffen, der die vielfältige und seltene Vegetation dieses Bereiches erschließt und eine botanische Genusstour ermöglicht.

Die Gegend rund um den Pass zählt ja ohnedies zu einer der besten auf Madeira, um den ursprünglichen Bewuchs und seltene Pflanzen kennenzulernen. Hier treffen wir auf einen dichten Lorbeerwald, der sich aufgrund der Feuchtigkeit und Topographie besonders gut entwickelt hat. Hier wächst auch der Prächtige Natternkopf (Echium nervosum), der nur am Madeira-Archipel vorkommt, also endemisch ist, aber auch Wolfsmilcharten, Madeira-Lorbeer, Wachsmyrte und Stechpalme. Die Landschaft wirkt verwunschen und zauberhaft, vor allem wenn der Passatnebel einfällt und seinen weißen Schleier über den Wald legt.

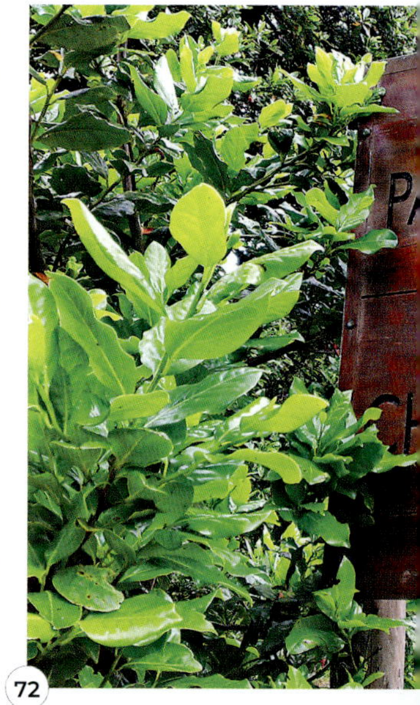

START: Chão dos Louros (835 m)

CHARAKTER: Rundwanderung auf schattigen Waldwegen, die teilweise verwachsen und rutschig sein können, Wegweiser am Straßenrand; der Abstieg ist etwas mühsam.

01 Parkplatz Chão dos Louros, 825 m; **02** Bachtal, 825 m; **03** Straßenquerung ER 228, 840 m; **04** Straßenquerung ER 228, 820 m

Eingang zum Naturreservat

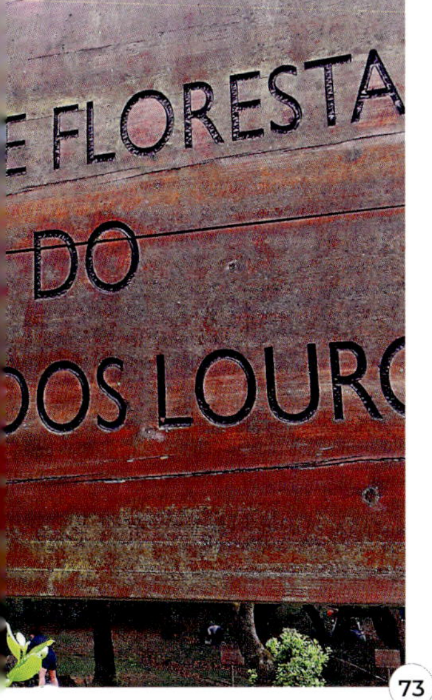

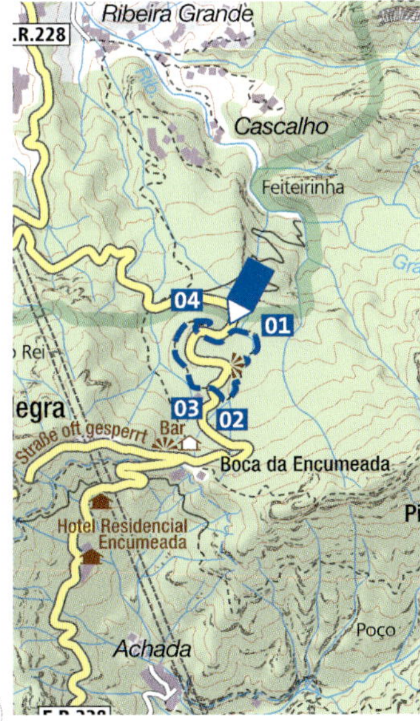

WHALE WATCHING BEI CALHETA

Naturbeobachtung mit Verantwortung

Zweifelsohne eines der atemberaubendsten Erlebnisse ist die Sichtung eines (oderer mehrerer) Wale in freier Wildbahn. Es gibt zahlreiche Angebote für Whale oder Dolphin Watching-Touren auf Madeira. Bei der Wahl des Anbieters sollte man darauf achten, dass diese auf verantwortungsvolles und nachhaltiges Whale Watching setzen. Von Angeboten, die damit werben, dass man besonders nah an die Tiere herankommt, oder gar in Berührung mit den Tieren kommt, sollte man - so verlockend das auch klingt - absehen.

Seit 1981 gibt es auf Madeira ein Walfangverbot, stattdessen hat man Schutzgebiete errichtet und setzt auf nachhaltigen Umgang mit den Tieren. Das haben auch die meisten Anbieter bereits in ihr Konzept integriert. Am Hafen von Calheta gibt es biespielsweise den Anbieter Lobosonda, dessen Geschichte bereits im Jahr 2000 mit dem Kauf eines Fischkutters begann und der es sich zur höchsten Priorität gemacht hat, verantwortungsbewusst mit den Meeresriesen umzugehen. Signalisiert ein Tier beispielsweise, dass es sich mit der Begegnung nicht wohl fühlt, wird dies respektiert und das Boot fährt weiter. Auf diese Weise, so steht es auf der Homepage, bestimmen die Tiere die Dauer einer Begegnung und ob diese stattfindet.
Mehr Informationen: www.lobosonda.com

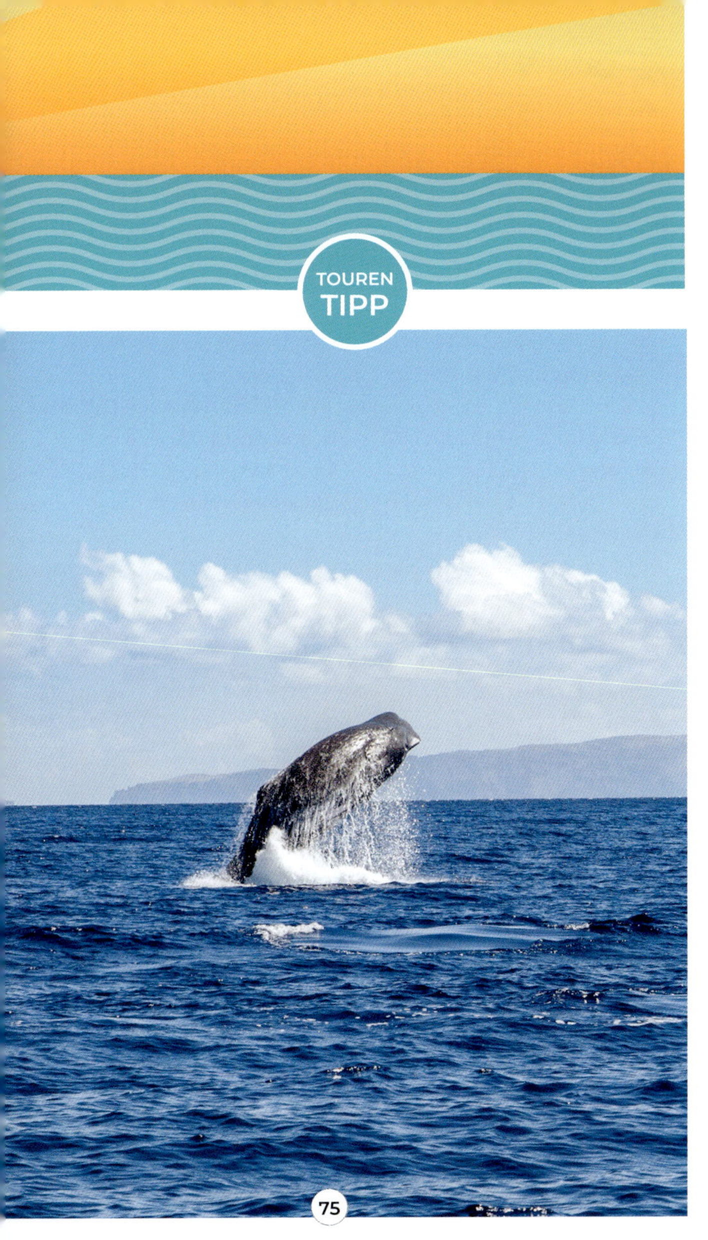
TOUREN
TIPP

HOCHEBENE PAÚL DA SERRA

Kontrastprogramm

Der landschaftliche Kontrast der Hochebene Paúl da Serra zum restlichen Madeira ist überwältigend. Sofern der Passatnebel es zulässt und die zwischen 1500 und 1600 m Seehöhe liegende Hochebene freigibt, befinden wir uns in einer eigentümlichen, vorerst schwer zuordenbaren Landschaft. Moorflächen wechseln mit Heidegebüsch, ab und zu ragen Windkrafträder in die Höhe und bilden die Horizontlinie. Früher war diese Hochebene mit Zedern-Wacholderwäldern bewachsen, wie sie noch rund um die Forststation Estanquinhos erhalten geblieben sind bzw. aufgeforstet wurden. Heute herrschen offene Weideflächen, Adlerfarnfluren und Graslandschaften vor, die es bereits im 19. Jh. gegeben haben soll. Darüber hinaus gehören frei laufende Kühe zum charakteristischen Bild von Paúl da Serra.

Am Gipfelplateau des Pico Ruivo do Pául befindet sich eine kleine Aussichtskanzel

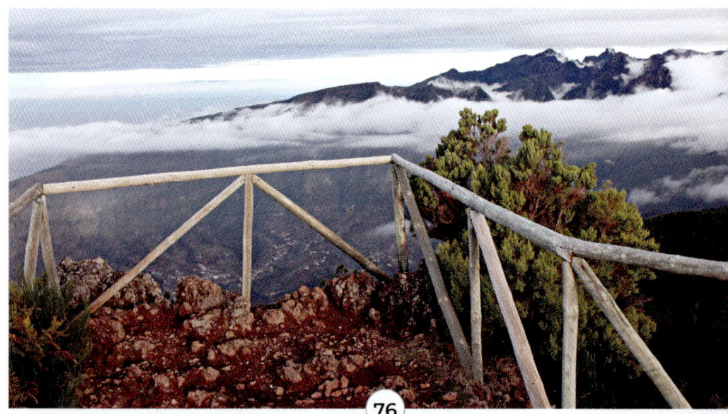

START: Abzweigung der Zufahrt zum Forsthaus Posto Florestal Estanquinhos von der ER 110 (1400 m); keine öffentliche Verkehrsanbindung

01 Straßenkreuzung, 1430 m; **02** Rastplatz Fontes Ruivas, 1430 m; **03** Pico Ruivo do Paúl, 1640 m; **04** Forsthaus Estanquinhos, 1460 m

CHARAKTER: Einfache Wanderung auf Heide- und Erdpfaden sowie Forststraßen mit geringen Höhenunterschieden; bei gutem Wetter angenehme Picknickplätze; die Orientierung ist bei Nebel schwierig, dann sollte man die Tour nicht unternehmen, da auch am Ziel die Aussicht fehlt.

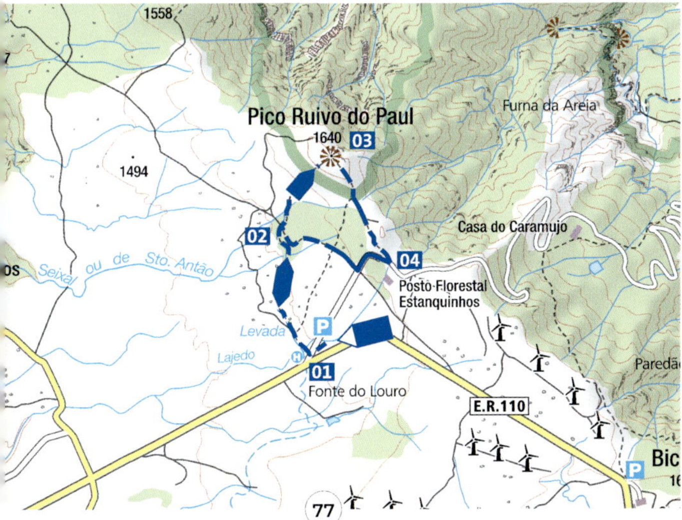

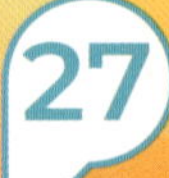

LEVADA DA 25 FONTES

Romantischer Kessel der 25 Quellen

Die zarten Schleier der 25 Quellen fallen über 100 Meter in die Tiefe der kreisförmigen Schlucht. Aufgrund der hohen Luftfeuchtigkeit gedeihen hier die Farne und Moose prächtig. Das Felsbecken der 25 Quellen gilt als eines der schönsten Wanderziele Madeiras, erreicht wird es über die Levada da 25 Fontes.

Romantischer Wasserfall bei den 25 Quellen

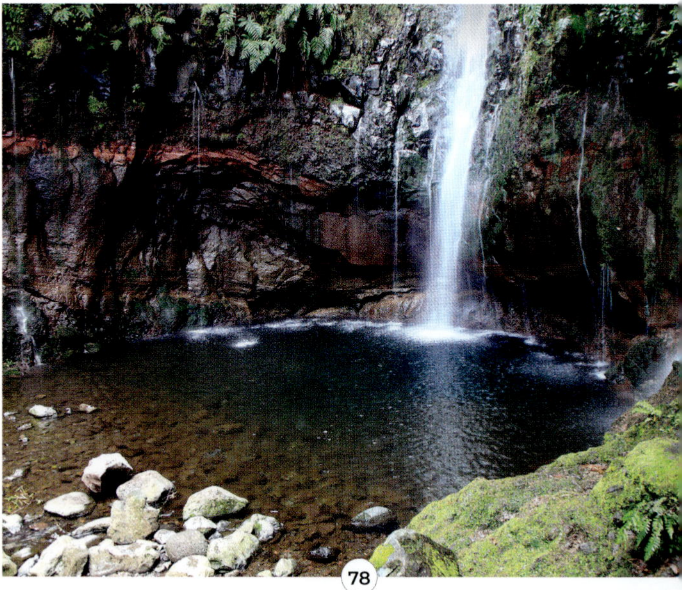

START: Parkplatz (1290 m) oberhalb der „Posto Florestal Rabaçal“ unmittelbar an der ER 110, die über die Hochebene Paúl da Serra verläuft

CHARAKTER: Landschaftlich äußerst reizvolle Wanderung auf fast ebenem, aber schmalem Levadaweg, wobei Trittsicherheit von Vorteil ist; der Abstieg bis zur Levada verläuft auf einem Waldpfad, der teils steil und rutschig ist. Sämtliche luftige Passagen sind ausreichend mit Geländern und Seilen gesichert, sodass man die Tour auch mit Kindern unternehmen kann. Benützt man das Shuttle vom Parkplatz zum Forsthaus Rabaçal, spart man 320 Höhenmeter und 4,6 km Wegstrecke; mit Wegweisern gut ausgeschildert.

01 Parkplatz, 1290 m; **02** Forsthaus, 1065 m; **03** Levada do Risco, 1050 m; **04** Wegweiser/Abzweigung 25 Fontes, 1050 m; **05** Levada da 25 Fontes, 1000 m; **06** Felskessel 25 Fontes, 1000 m; **07** Levadatunnel, 1000 m

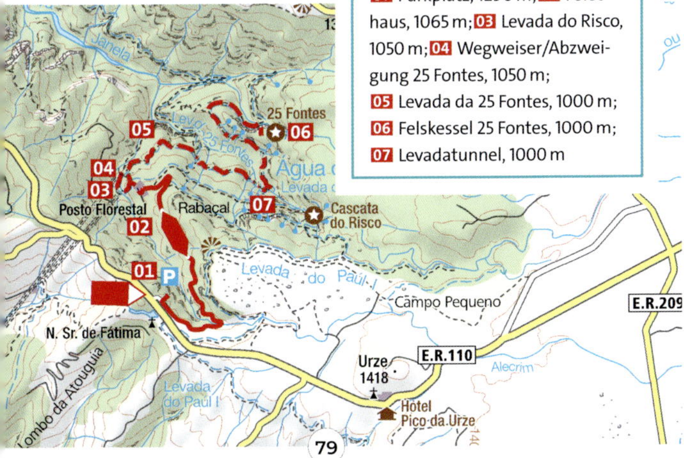

28 RISCO-WASSERFALL

Wilder Wasserfall über tiefer Schlucht

Von allen Seiten rieseln und tropfen Kaskaden und kleinere Rinnsale herab und machen ein Näherrücken zum Wasserfall zu einer feuchten Angelegenheit. Das Wasser sammelt sich zu einem rauschenden Wildbach, der sich tief in die Felsen eingeschnitten und ein schluchtartiges Tal ausgeschürft hat. An der Aussichtsplattform vor dem Risco-Wasserfall endet der offizielle Wanderweg, der sich früher zu einer Tunnelpassage fortsetzte, die hinter dem Wasserfall vorbei zu einem Aussichtsbalkon in der Steilwand auf der gegenüber liegenden Seite hoch über der Schlucht führte. Dieser Abschnitt ist mittlerweile aus Sicherheitsgründen gesperrt.

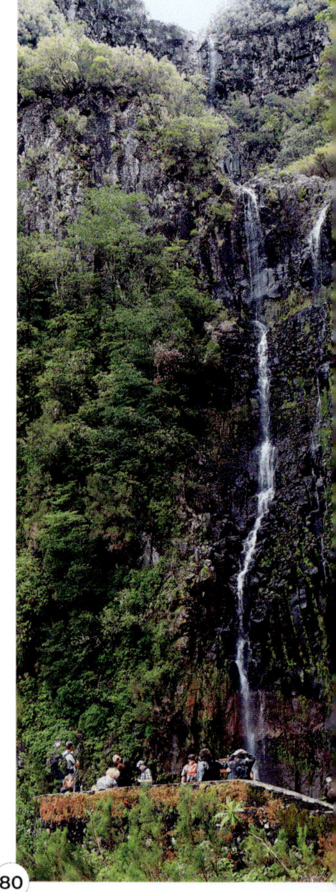

Der Risco-Wasserfall

START: Parkplatz oberhalb der „Posto Florestal Rabaçal" unmittelbar an der ER 110, die über die Hochebene Paúl da Serra verläuft

CHARAKTER: Gemütliche und einfache Wanderung auf breitem Levadaweg, der stets durch schattigen Lorbeerwald führt.

01 Parkplatz an der ER 110, 1290 m; **02** Forsthaus Rabaçal, 1065 m; **03** Levada do Risco, 1050 m; **04** Risco-Wasserfall, 1050 m

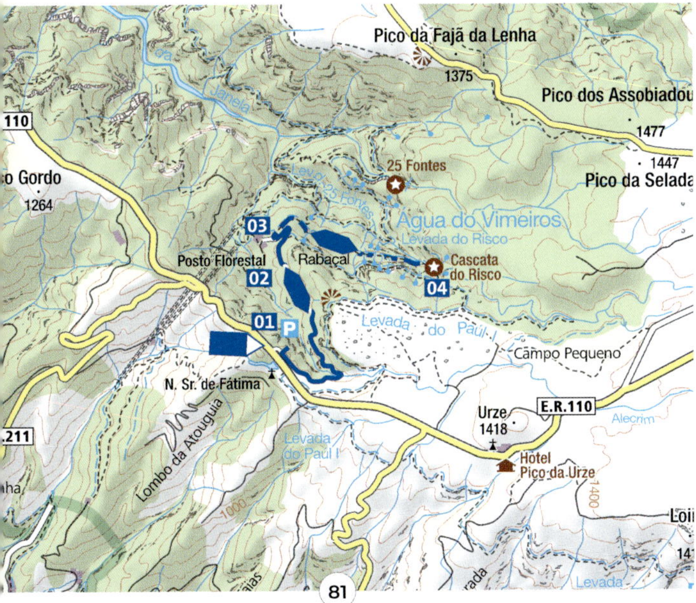

FEENWALD FANAL

Im Bannkreis uralter Lorbeerbäume

Ein alter Wald in mystischem Kleid: Der Feenwald auf Madeira beheimatet jahrhundertealte von wildem Moos bewachsene Loorbeerbäume. Einige der Bäume sollen schon bei der Entdeckung Madeiras vor rund 600 Jahren hier gestanden haben. Häufig ist der Wald in mystischen Nebel gebettet, was ihm seinen besonderen, märchenhaften Charme verleiht.

Auch an sonnigen Tagen kann rasch der Passatnebel aufziehen

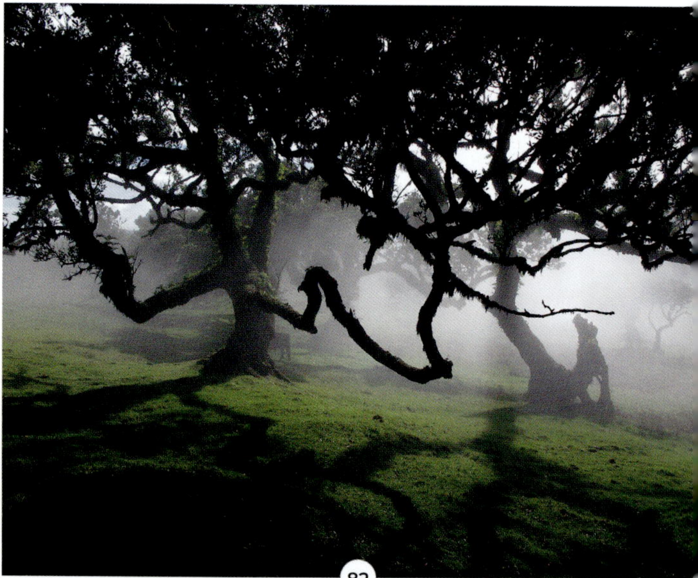

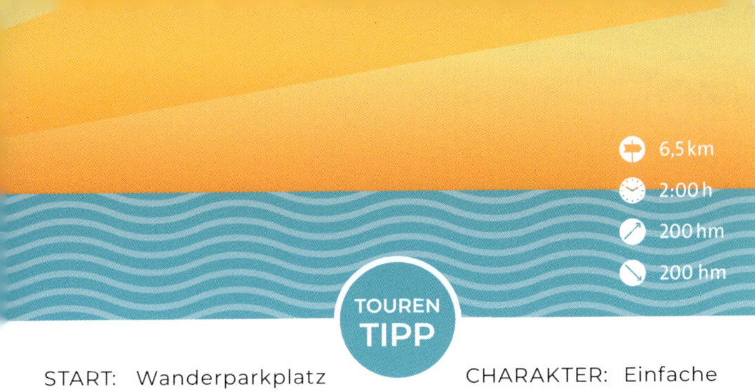

START: Wanderparkplatz „Feenwald“ an der ER 209, ca. 300 m westlich des Forsthauses Fanal (Posto Florestal do Fanal, 1130 m; keine öffentlichen Verkehrsmittel, Buslinie nur bis Ribeira de Janela

CHARAKTER: Einfache Wanderung auf Wiesenpfaden, Treppenwegen und Erdpisten; im Nordteil ohne Markierung, im südlichen Abschnitt beschildert.

01 Wanderparkplatz, 1130 m; **02** Kratersee, 1000 m; **03** Abzweig Cubo do Moinho, 1100 m; **04** Aussichtspunkt, 1160 m; **05** Pedreira, 1241 m; **06** Wegweiser, 1200 m; **07** Weggabelung, Abzweig Variante, 1190 m

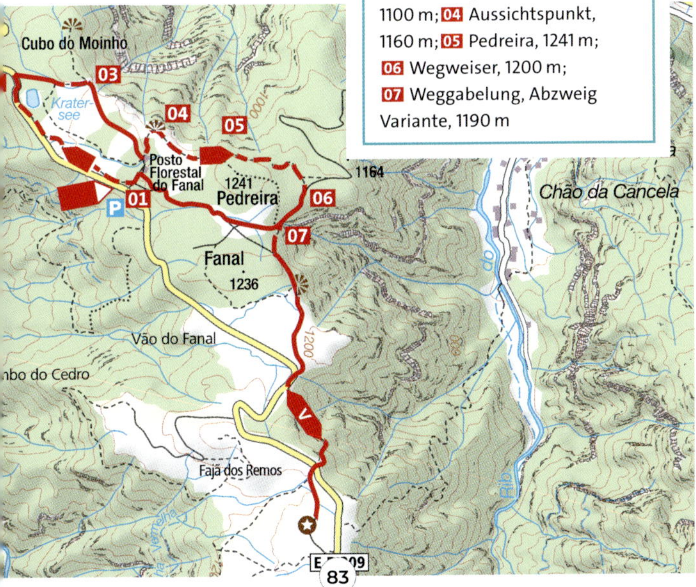

PRAZERES

Dorfidylle zwischen grünen Tälern

Prazeres liegt im wildreichen Südwesten Madeiras und gilt als eines der schönsten Dörfer der Insel, vor allem wegen der herrlichen Umgebung aus grünen Tälern, bewaldeten Berghängen und der Steilküste mit den Kieselstränden. Neben der Pfarrkirche lohnt der Garten Quinta Pedagogica einen Besuch, der neben fremdländischen Pflanzen auch einen Minizoo mit Lamas und vietnamesischen Hängebauchschweinen beherbergt. Kräutergarten, Teehaus und Spielplatz runden das Angebot ab. Urlauber kommen aber wegen der Wanderwege nach Prazeres, die durch die eindrucksvolle Landschaft verlaufen.

Die Levada durch Prazeres

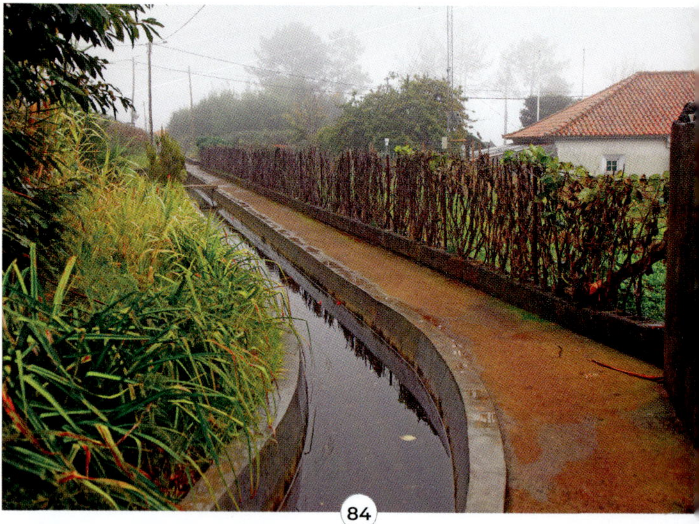

START: Prazeres; mit dem Auto über die ER 110 nach Prazeres, in der Hauptstraße stehen öffentliche Parkplätze zur Verfügung; Buslinie 107 von Funchal nach Prazeres, Rückfahrt mit derselben Buslinie

CHARAKTER: Einfache, klassische Levada-Wanderung auf gut ausgebautem Begleitweg, der keine ausgesetzten Stellen enthält, familienfreundlich.

01 Prazeres, 630 m; **02** Levadahaus 1, 630 m; **03** Ribeira da Achada, 635 m; **04** Levadahaus 2, 640 m; **05** Calheta, 300 m

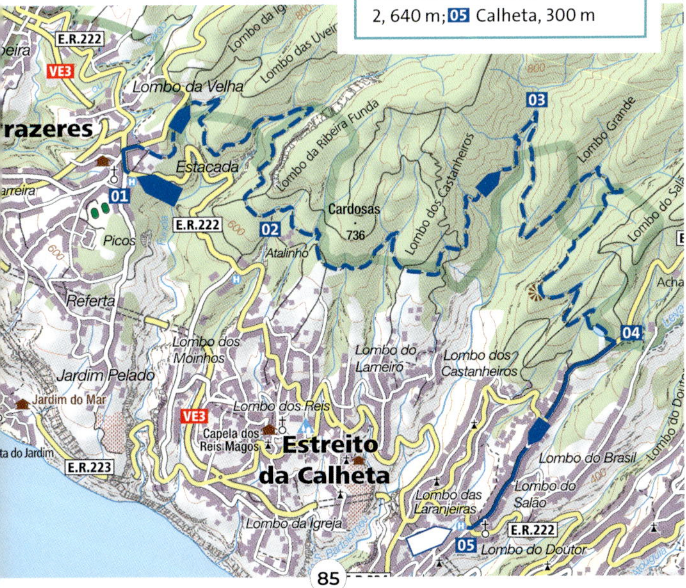

PONTA DO PARGO

Geheimtipp im äußersten Westen

Der äußerste Westen Madeiras ist touristisch noch wenig erschlossen, bietet aber vielleicht gerade deshalb eine stille und abgeschiedene Landschaft. Der kleine Ort oberhalb des Leuchtturms (farol) bietet noch kaum touristische Infrastruktur an und hat sich ein sehr ursprüngliches Ambiente bewahrt. Die Hauptsehenswürdigkeit ist der Ausblick auf die Nordküste, die senkrecht zum Meer abbricht und beim „miradouro" an der Casa de Chá oder beim Leuchtturm atemberaubend eingesehen werden kann. Das im Jahre 1922 erbaute Leuchtfeuer steht 375 m über dem Meer und lässt den Blick weit über die Steilküste und den Atlantik schweifen. In der Nähe finden intensive Erschließungsmaßnahmen statt, deren Ziel derzeit nicht erkennbar ist.

Der Leuchtturm bei Ponta do Pargo

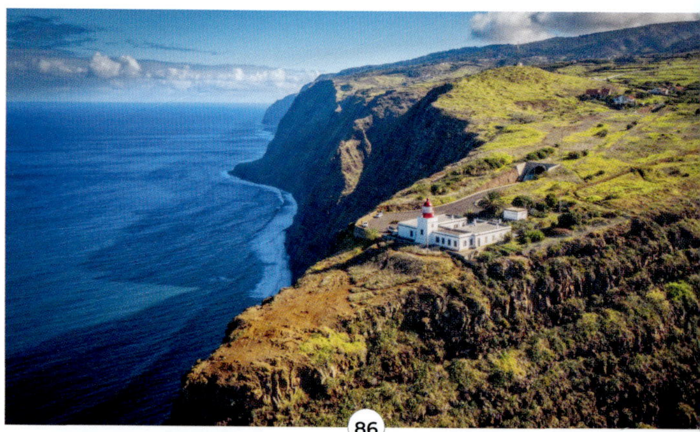

START: Ponta do Pargo, Kirche im Ortszentrum (450 m); keine brauchbaren öffentlichen Verkehrsmittel.

CHARAKTER: Gehtechnisch nicht allzu schwierige Rundwanderung mit kleineren Auf- und Abstiegen sowie auf Feldwegen und wenig befahrenen asphaltierten Dorfstraßen; klassischer Levadaweg entlang der Levada Nova; wegen fehlender Markierungen und Verzweigungen ist Orientierungssinn von Vorteil, deshalb als rot eingestuft.

01 Ponta do Pargo, 450 m; **02** Levada Nova, 620 m; **03** Ende Levada Nova, 620 m; **04** Cabo, 430 m; **05** Nostra Senora Boa Morte, 425 m; **06** Lombada Velha, 450 m; **07** Taleinschnitt, 425 m; **08** Serrado, 475 m; **09** Pedregal, 450 m; **10** Ribeira dos Moinhos, 400 m

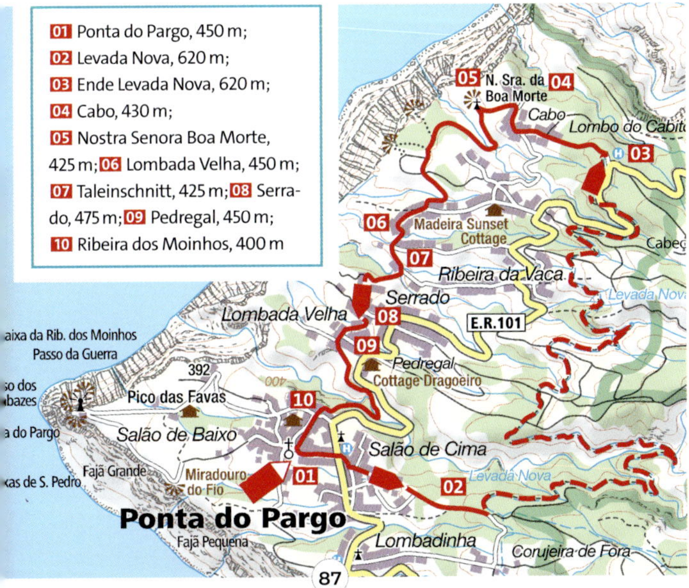

ACHADAS DA CRUZ

Schwindelerregende Gondelfahrt

Das kleine Örtchen Achadas da Cruz nahe Porto Moniz wäre keinen Besuch wert, gäbe es nicht die atemberaubende Seilbahn, die „Teléferico das Achadas da Cruz", die von der senkrecht abbrechenden Steilküste 451 m fast im freien Fall zum Meer hinabführt. Die Talstation befindet sich auf dem typischen Schwemmkegel – Fajã genannt –, den die Bauern von Achadas zum Anbau von Obst und Gemüse nutzen. Daher musste diese technische Aufstiegshilfe geschaffen werden, um nicht stets die 450 bzw. 600 Höhenmeter bis zum Ort überwinden zu müssen. Dennoch steht der alte Wanderweg nach wie vor zur Verfügung, vor allem für weniger Wagemutige, die diese schwindelerregende Talfahrt vermeiden möchten.

Schwindelfrei & mutig sollte man für die Gondelfahrt sein

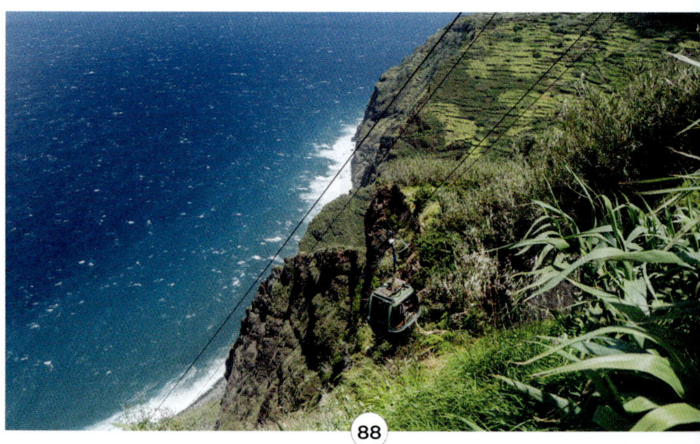

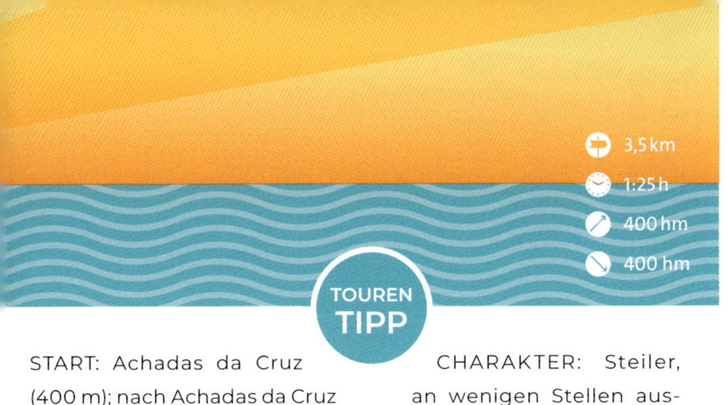

START: Achadas da Cruz (400 m); nach Achadas da Cruz über die ER 101, zwischen Porto Moniz und Ponta do Pargo gelegen, in Achadas ist die Zufahrt zur Seilbahn über eine Nebenstraße gut ausgeschildert

CHARAKTER: Steiler, an wenigen Stellen ausgesetzter Erdpfad, der Trittsicherheit erfordert; für die Fahrt mit der Seilbahn ist Schwindelfreiheit von Vorteil.

01 Bergstation Seilbahn, 400 m;
02 Kieselstrand, 0 m;
03 Talstation der Seilbahn Quedraba Nova, 5 m

33 PORTO MONIZ

In den noblen Hafenort des Nordwestens

Porto Moniz, im äußersten Nordwesten Madeiras gelegen, darf eigentlich bei keiner Madeira-Besichtigung fehlen. Die nach dem portugiesischen Adeligen Francisco Moniz benannte Stadt breitet sich auf einer nach Norden gerichteten Landzunge aus und wird von der kleinen, vorgelagerten Felsinsel Ilhéu Mole regelrecht beschützt. Deshalb gilt Porto Moniz als der sicherste Hafen der Insel und zugleich als einer der schönsten Orte. Die Urlauber kommen vor allem wegen der Meeresschwimmbäder hierher, die in geschützter Lage in natürlichen vulkanischen Pools angelegt wurden. Ferner kann die historische Festung João Batista besichtigt werden, die 1730 als Schutz gegen Piraten angelegt wurde. Heute beherbergt sie das Madeira-Aquarium und zeigt mehr als 70 typische Fischarten des Atlantiks.

Der reizvolle Hafenort Porto Moniz ist das Ziel dieser Wanderung

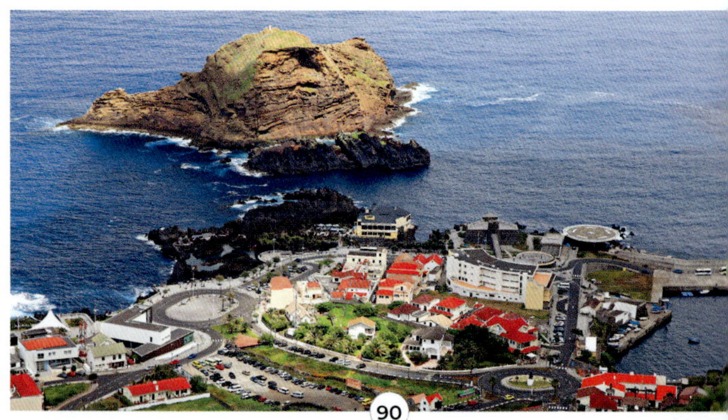

START: Santa Madalena; mit Bus Nr. 80 vormittags nach Santa Madalena, Retourbus am Nachmittag

CHARAKTER: Nicht allzu schwierige Tour, die jedoch wegen der abschüssigen Wege einige Trittsicherheit erfordert; keine ausgesetzten Wegpassagen; im Ortsbereich etwas Orientierungsprobleme.

01 Santa Madalena, 450 m; **02** Aussichtspunkt, 250 m;
03 Pedra Mole, 185 m; **04** Porto Moniz, Uferpromenade, 20 m;
05 Porto Moniz, Kreisverkehr, 5 m

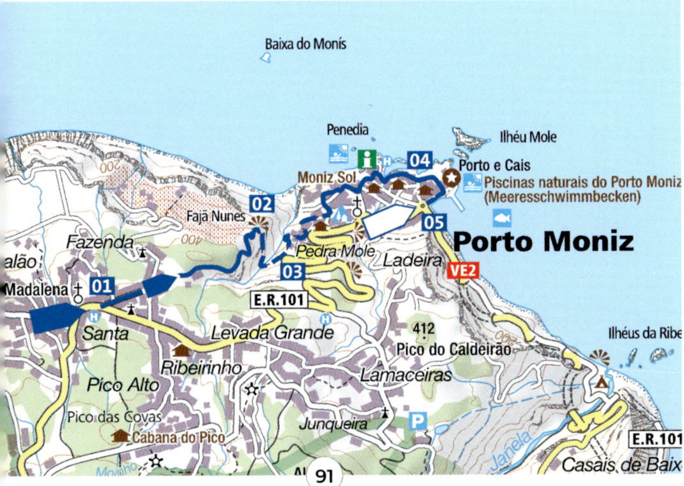

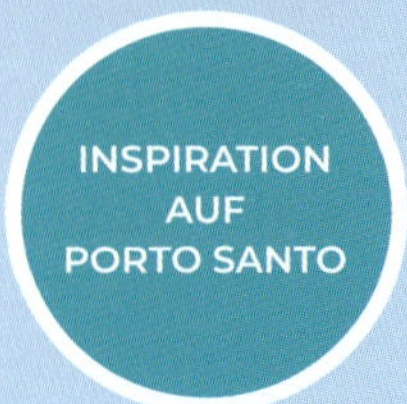

Cetáceos da Madeira

Porto Santo 34

Ca

Campo de Cima

VILA BALE

Cabeco da Ponta

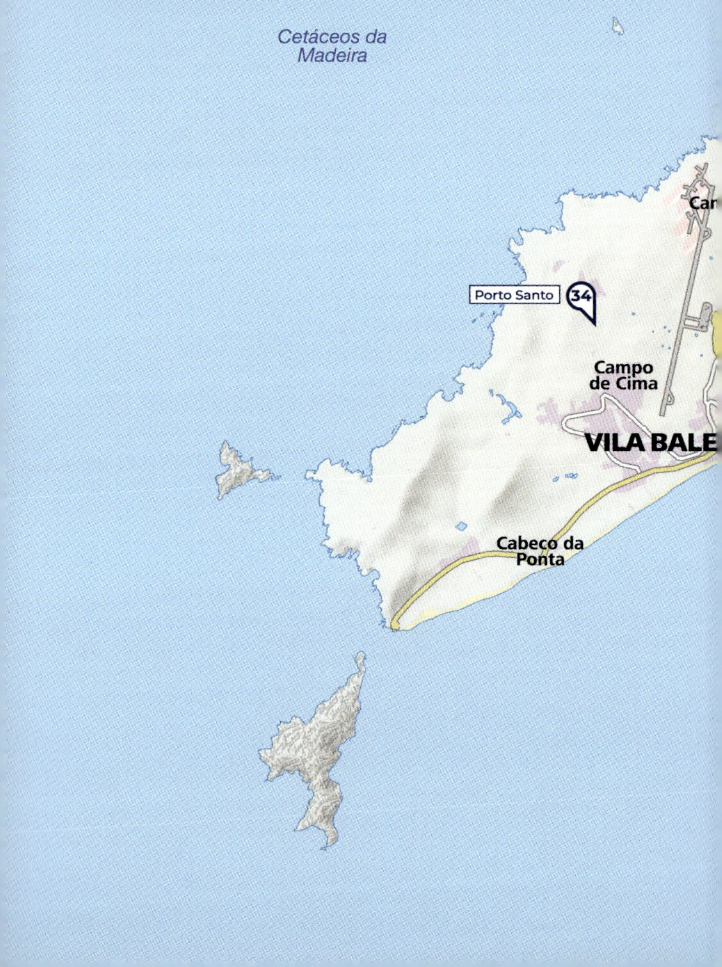

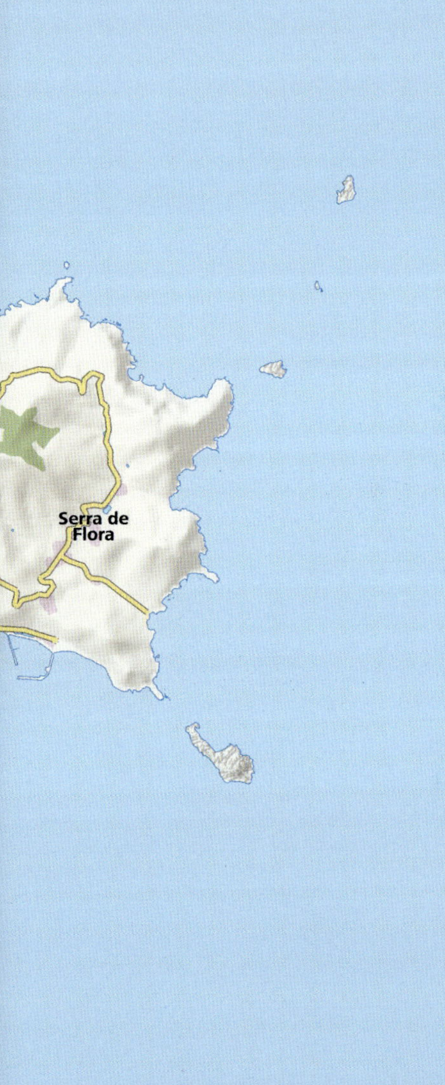
Serra de
Flora

PORTO SANTO

Ausflug auf die Insel

Ausgedehnte Strandwanderungen können auf Madeira nicht unternommen werden. Dies bietet aber die Schwesterninsel, die an der Südwestseite kilometerlang von goldgelb gefärbten Sandstränden begleitet wird.

Vom Hauptort Vila Balheira können wir entlang der Küste bis zum Kap Ponta da Calheta an der Südspitze wandern. Der als Campo de Baixo bezeichnete Strand erstreckt sich von Vila Baleira aus bis an das südliche Kap und weist teilweise eine stattliche Breite auf. Wir kennen diesen Küstencharakter von Madeira selbst nicht, das meist felsige Küsten mit unmittelbar anschließenden Steilwänden besitzt.

Am Beginn des 7 km langen Strandes von Porto Santo

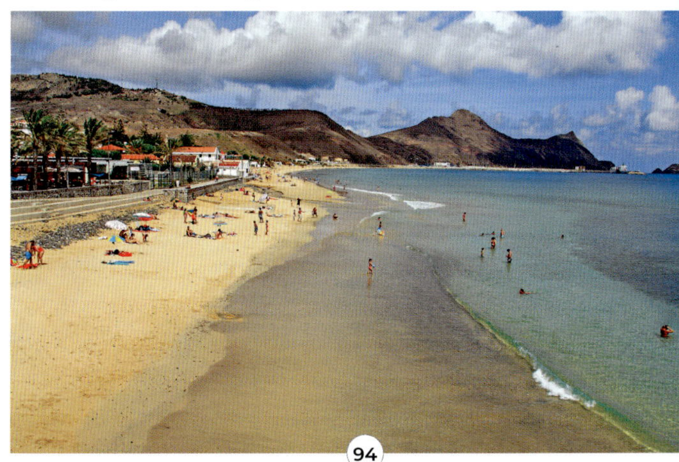

TOUREN TIPP

START: Vila Balheira (10 m); mit der Fähre oder dem Katamaran von Funchal mehrmals täglich nach Porto Santo; das erste Boot fährt etwa gegen 8 Uhr, das letzte gegen 20 Uhr. Fahrpläne für Fähren bzw. Busse bei den Touristeninformationen

CHARAKTER: Leichte Wanderung anfänglich auf Asphaltstraßen, danach weglos über den Sandstrand bis zum Südende; keine Höhenunterschiede; ausreichend Wasser und Sonnenschutz nicht vergessen! Im Frühjahr und Herbst wird man eine Windjacke benötigen; vor allem am Kap Ponta da Calheta eignet sich das Meer hervorragend zum Schnorcheln.

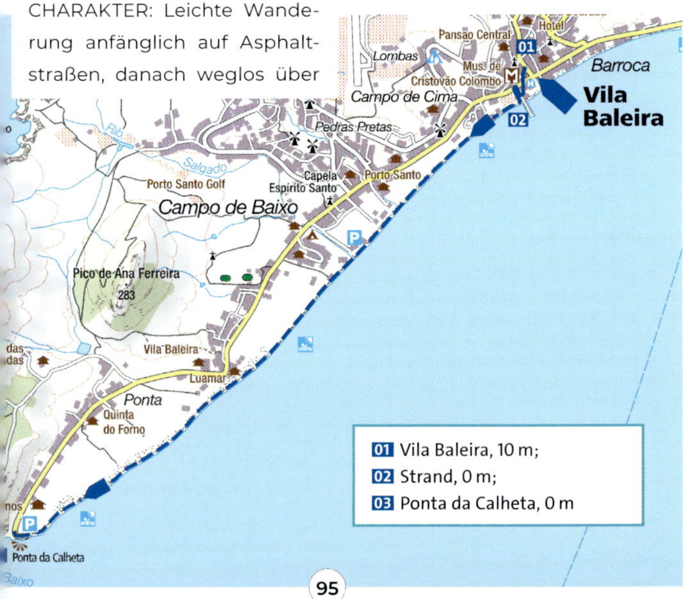

01 Vila Baleira, 10 m;
02 Strand, 0 m;
03 Ponta da Calheta, 0 m

HINWEISE, TIPPS und Legende

Wanderausrüstung

Trotz der subtropischen Lage darf man die Temperaturunterschiede und den Wetterwechsel, der durch die Passatnebel hervorgerufen werden, nicht unterschätzen. Deshalb gehören eine Wind- und Regenjacke zum fixen Bestandteil des Wanderrucksackes. Im Herbst und Winter empfiehlt sich sogar ein Anorak und wasserdichte Hosen, da Niederschläge fast täglich auftreten können. Oberhalb von 1000 m Seehöhe können zwischen Oktober und März Temperaturen um den Gefrierpunkt herrschen. Im Sommer sollte man auf Sonnencreme und eine Kopfbedeckung nicht vergessen. Entlang der Levadas genügen oftmals gute Sportschuhe, je nach subjektiver Trittsicherheit, für die Bergtouren in der zentralen Kette sind aber feste Bergschuhe unerlässlich. Rutschiges Terrain, Geröll und körniger Lavaboden und ausgesetzte Wegstellen verlangen absoluten Halt. Außerdem muss man ausreichend Getränkevorrat und Proviant mitführen. Levadas an der Westseite und in Küstennähe können mit kurzen Hosen begangen werden, auch hier sollte man jedoch stets Vorkehrungen für Wetterumschwünge treffen und leichte lange Überhosen mitführen.

Levada-Wandern

Die Levadas gehören zu den auffälligsten Erschei-

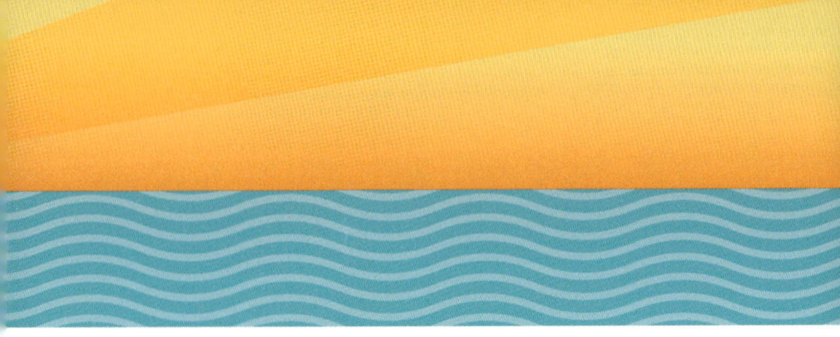

nungen Madeiras, die häufig von Wegen begleitet werden. Diese dienten zum Bau oder der Wartung der Wasserkanäle und werden heute als beliebte Wanderrouten verwendet. Diese Wege sind aber aus Sicht der Wanderer anders zu beurteilen als herkömmliche Wanderrouten. Die meisten Pfade führen unmittelbar an den Kanälen entlang und sind daher naturgemäß eben. Obwohl der Weg kaum gehtechnische Schwierigkeiten aufweist, kann er ausgesetzt und mit Passagen bestückt sein, die Schwindelfreiheit und Trittsicherheit verlangen. Deshalb wird bei der Charakterisierung der Wanderungen in den Tourensteckbriefen extra darauf hingewiesen, ob solche Stellen, die weniger geübten Wanderern zum Verhängnis werden können, vorhanden sind.

Orientierung

Die Orientierung entlang der Levadas ist zumeist denkbar einfach, weil der Kanal die Route wie ein roter Faden, der durch die Landschaft zieht, vorzeichnet. Abzweigungen oder Kreuzungen gehören eher zu den Ausnahmen. Beschilderungen und Markierungen sind selten, obwohl 19 offizielle Wege von der Regierung eingerichtet sind .

Informationen unter: https://visitmadeira.com/de/ausfluege/naturliebhaber/aktivitaeten/wandern.

HINWEISE, TIPPS und Legende

Schwierigkeitsbewertung

Blau

Als blau sind solche Wege gekennzeichnet, die keine ausgesetzten Wegpassagen und kaum Höhendifferenzen aufweisen. Das Begehen ist zu jeder Zeit, auch bei Schlechtwetter möglich. Diese Routen eignen sich für ältere oder weniger geübte Wanderer.

Rot

Wegen der Besonderheit auf Madeira, dass einige Levadawege zwar eben verlaufen, aber ausgesetzte Passagen aufweisen, können gehtechnisch leichte Wege auch rot klassifiziert sein. Ferner können rote Wege auch Höhenunterschiede bis 400 m aufweisen, schmal sein und Trittsicherheit erfordern. Schwindelfreiheit ist von Vorteil.

Schwarz

Als schwarz und damit sehr anspruchsvoll sind Touren gekennzeichnet, die alpine Erfahrung erfordern. Diese Routen können nur bei guten Wetterbedingungen absolviert werden.

Zeitangaben

Die Gehzeiten basieren auf der Grundlagen-Annahme: 400 Hm im Aufstieg und 4 km horizontal pro Stunde; 1/3 weniger im Abstieg. Die Angaben beziehen sich auf die reine Gehzeit.

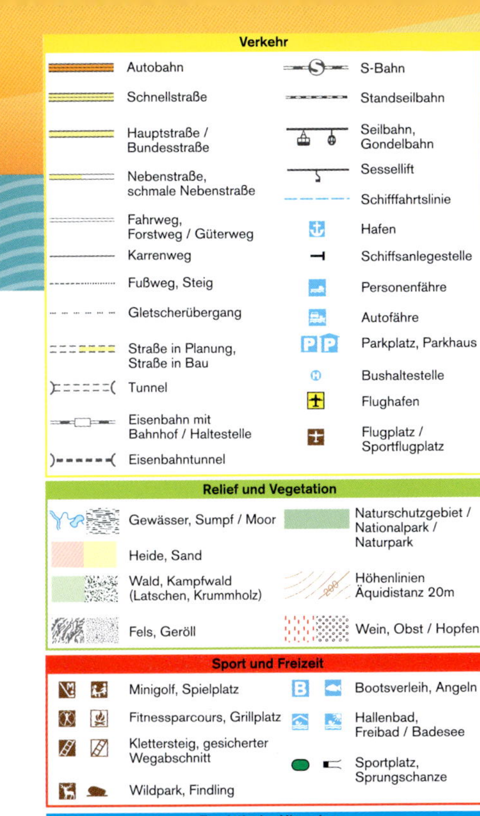

Sport und Freizeit

- Minigolf, Spielplatz
- Fitnessparcours, Grillplatz
- Klettersteig, gesicherter Wegabschnitt
- Wildpark, Findling
- Bootsverleih, Angeln
- Hallenbad, Freibad / Badesee
- Sportplatz, Sprungschanze

Touristische Hinweise

- Information, Jugendherberge
- Hotel / Gasthof / Restaurant
- Schutzhütte / Berggasthof (im Sommer und Winter)
- Schutzhütte / Berggasthof (Sommerbewirtschaftung)
- Jausenstation / Almwirtschaft / Imbissstube
- Buschenschenke / Heuriger, Unterstand
- Hütte / Biwak (unbewirtschaftet)
- Campingplatz, Sehenswürdigkeit
- Museum, Museumsbahn
- Krankenhaus / Notarztstation
- Aussichtsturm
- Schöner Ausblick, Rundblick
- Kirche, Wallfahrtskirche
- Kapelle, Denkmal
- Burg / Schloss, Ruine
- Kloster
- Ausgrabungen, ehemalige Festung
- Wegkreuz
- Bildstock, Bildbaum
- 885 Höhenpunkt, Gipfelkreuz

Der Kartenmaßstab dieses Ratgebers variiert; die Tourenkarten dienen der Orientierung. Karten mit dem Maßstab 1:50.000 findest du in unserem Kompass-Wanderführer „Madeira“

NOCH MEHR

Inspirationen

Unsere Inspirationen beinhalten alle Wandertouren als Tipps und als Vorschlag, um ans Ziel zu kommen. Ausführliche Beschreibungen und noch viele weitere Tourenvorschläge findet man in unseren Wanderführen und weiteren Outdoor Reihen wie „Dein Augenblick“ und „Endlich“.

Ein weiterer Tipp ist die KOMPASS-Wanderkarte. Damit lassen sich Touren perfekt planen und auch die Orientierung bei schwierigeren Touren ist damit perfekt zu bewältigen. KOMPASS-Wanderkarten zeigen alle Informationen der Landschaft. So lassen sich auch noch weniger bekannte Orte, kleine Seen, versteckte Gipfel und wilde Bäche finden. Eine Wanderkarte ist wie eine Schatzkarte für neue Ziele. Sie zeigt auch, welche Wanderwege, Fahrradwege, Klettersteige und Zufahrtsstraßen es gibt. Öffentliche Verkehrsmittel sind ebenfalls eingezeichnet, genauso wie Parkplätze, Hütten und Almen.

Eine Wanderkarte voller Vorfreude auszubreiten ist schon der erste Schritt in den Urlaub oder das neue Abenteuer. Sie ist aber auch ein herrliches Erinnerungsstück an all die Erlebnisse, die man damit verbindet.

DIE PASSENDEN WANDERFÜHRER
& GEDRUCKTE KARTEN

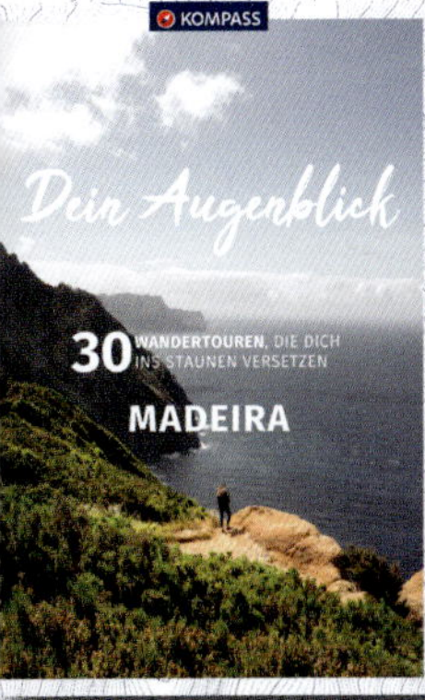

Dein Augenblick Madeira

mit 30 Touren zu Traumzielen

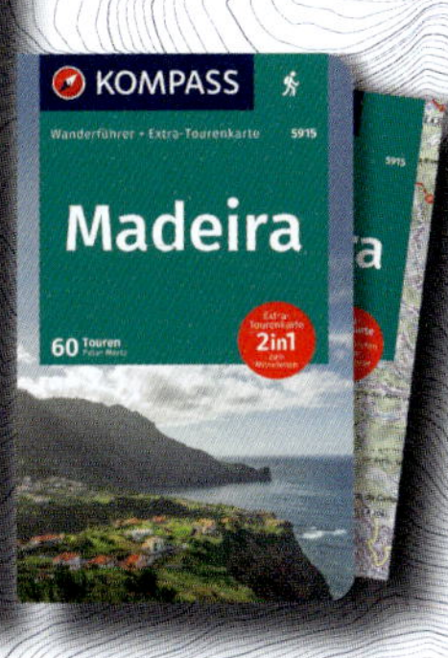

Wanderführer Madeira

mit 60 Touren und Extra-Tourenkarte

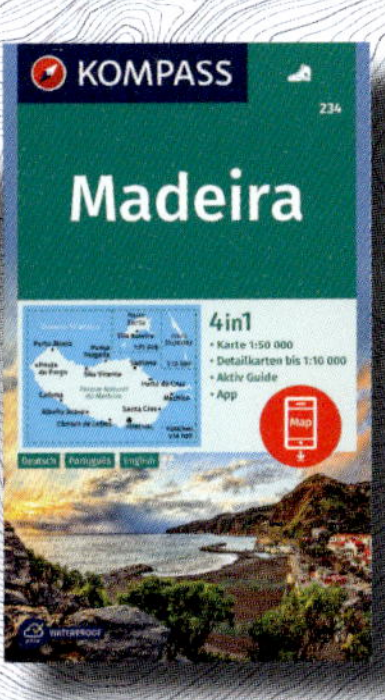

Wanderkarte Madeira

Karte 1:50 000 mit Aktiv Guide

IMPRESSUM

Herausgeber: © KOMPASS-Karten GmbH
Karl-Kapferer-Straße 5, A-6020 Innsbruck
1. Auflage 2024 (24.01), Verlagsnummer 8124,
ISBN 978-3-99154-147-9

Konzept und Bildnachweis

Konzept & Gestaltung: © KOMPASS-Karten GmbH
Projektbetreuung: Julia Flory, KOMPASS-Karten GmbH
Text: KOMPASS-Karten-Autor Mag. Peter Mertz, die naturwerker und KOMPASS-Karten GmbH
Grafische und kartografische Herstellung: © KOMPASS-Karten GmbH
Kartenausschnitte: © KOMPASS-Karten GmbH unter Verwendung OpenStreetMap Contributors (www.openstreetmap.org)
Titelbild: „Traumhafte Bergkulisse auf Madeira"
© Funny Studio - stock.adobe.com; Design Kompass Karten GmbH

Bildnachweis: Alle bilder stammen (falls nicht anders angegeben) vom Autor Mag. Peter Mertz

S. 3, 60/61, 68, 88, 104: ©Thomas Kargl; S. 14/15 : © Funny Studio; S. 58: © Kruwt - stock.adobe.com; S. 74: © FotoHelin- stock.adobe.com; S. 86: © Сергій Вовк;

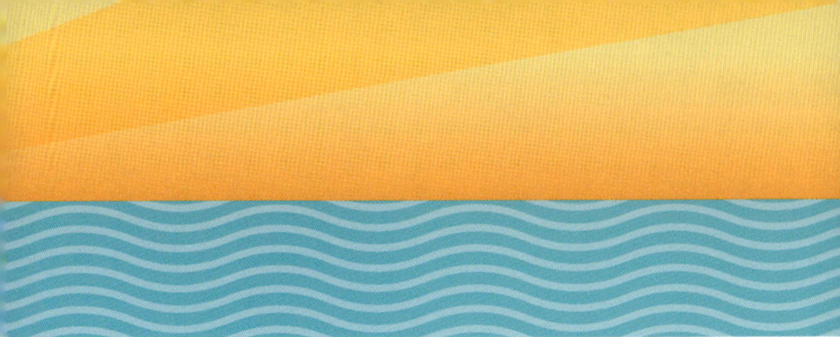

Alle Angaben und Routenbeschreibungen wurden nach bestem Wissen gemäß unserer derzeitigen Informationslage gemacht. Die Wanderungen wurden sehr sorgfältig ausgewählt und beschrieben, Schwierigkeiten werden im Text kurz angegeben. Es können jedoch Änderungen an Wegen und im aktuellen Naturzustand eintreten. Wanderer und alle Kartenbenützer müssen darauf achten, dass aufgrund ständiger Veränderungen die Wegzustände bezüglich Begehbarkeit sich nicht mit den Angaben in der Karte decken müssen. Wir aktualisieren unsere Karten und Touren in regelmäßigen Abständen. Dies kann unter Umständen auch dazu führen, dass sich die Inhalte der digitalen Version eines freigeschalteten Wander- oder Fahrradführers bzw. einer Karte, von dem erworbenen Printprodukt unterscheiden. Diese Aktualisierungen sind aus rechtlichen oder sicherheitsrelevanten Gründen erforderlich und ein kostenloser Service mit Mehrwert für alle NutzerInnen. Die Verwendung dieses Führers erfolgt ausschließlich auf eigenes Risiko und auf eigene Gefahr, somit eigenverantwortlich. Eine Haftung für etwaige Unfälle oder Schäden jeder Art wird daher nicht übernommen. Für Berichtigungen und Verbesserungsvorschläge ist die Redaktion stets dankbar. Korrekturhinweise bitte an folgende Anschrift:

KOMPASS-Karten GmbH
Karl-Kapferer-Straße 5
A-6020 Innsbruck
www.kompass.de/service/kontakt

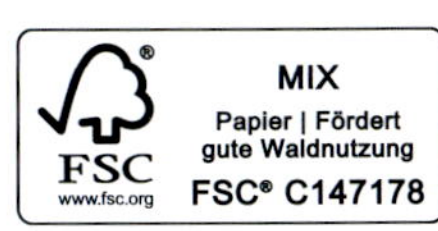

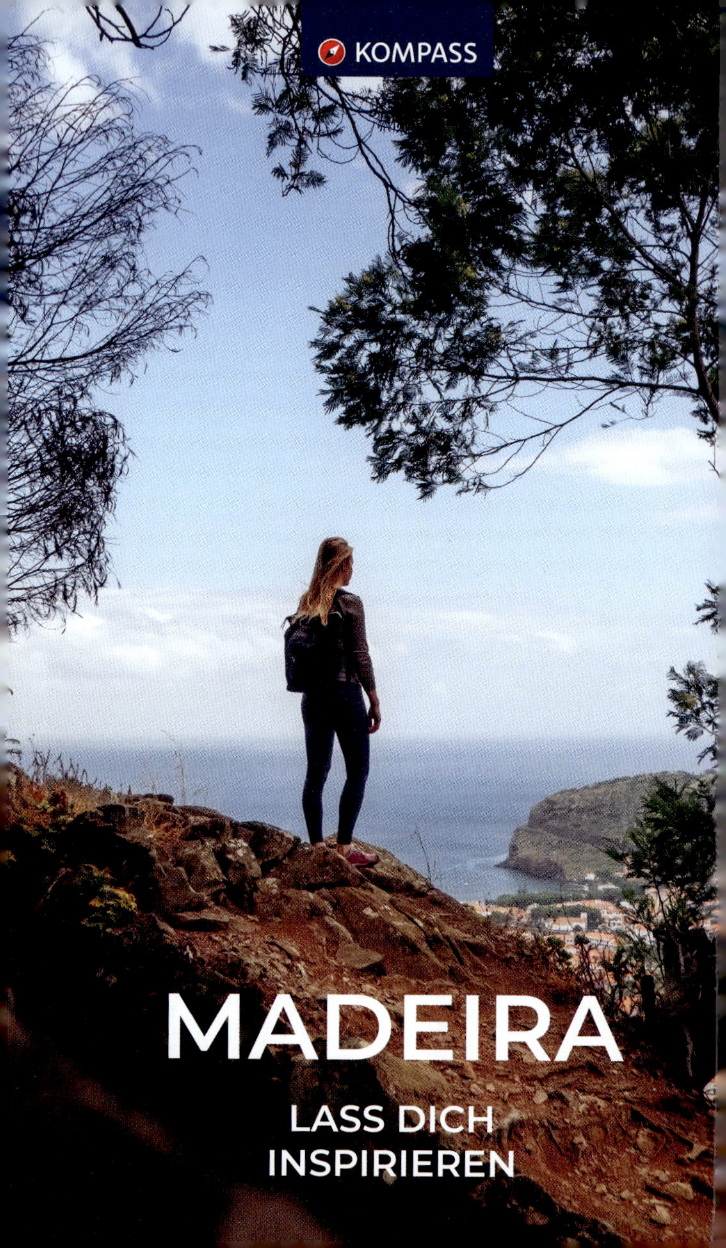
KOMPASS
MADEIRA
LASS DICH
INSPIRIEREN